流浪博士何處去？直擊高教崩壞現場，揭發兼任教師血汗、低薪、難以翻身的真相，
從美國經驗反思大學院校公司化、教師商品化的巨大影響

兼任下流

THE ADJUNCT UNDERCLASS

How America's Colleges Betrayed Their Faculty,
Their Students, and Their Mission

Herb Childress

赫伯・柴爾德瑞斯——著　李宗義、許雅淑——譯

目次

訪談匿名聲明

PREFACE 前言
專業之死
——大學教授的專業就是這樣被扼殺殆盡的
009

CHAPTER 1
招生文宣背後
——你上的大學不是你以爲的大學，而你以爲的教授其實是個臨時工
011

CHAPTER 2
終身聘與約聘
——爲何兼任教師再怎麼傑出，都無法提供學院生活更大的價值？
035

CHAPTER 3
銅、銀、黃金，或白金
——你就讀的是銅級的社區學院、銀級的綜合州大、黃金級的菁英文理學院，或目標是統治世界的白金級常春藤盟校？
051

CHAPTER 4 打造一支臨時勞動大軍——無論你是金銀銅還是白金，所有博士都在搶同一個飯碗 079

CHAPTER 5 如果學生不付老師薪水，為什麼學費這麼高？——組成多元化、大學公司化，而設備升級和增聘教師都需要花錢 105

CHAPTER 6 學院城堡內的安逸者——制度中，大家對兼任教師視而不見 149

CHAPTER 7 倒楣的旁人——當約聘成爲一種趨勢的總和 167

CHAPTER 8 解決之道——重新尋回大學的終極價值 197

AFTERMATH 結語 流浪人生 223
附錄A 追蹤文化變遷的元素 233
附錄B 學術生涯的校準協議 247
謝辭 263
參考書目 267

訪談匿名聲明

本書採用了許多訪談紀錄，對象是我隨機訪問的教授、博士後、研究生與大學職員。這些話最終都以化名的方式呈現，例如「保羅，十年兼任教師」或「莫拉，人文學院院長」。之所以這樣做是為了保護當事人，避免因為身分、學校或地區讓人認出來之後增加他們工作生活的困難。化名唯一準確之處是姓名所透露出來的性別，而不是名字本身或是從中推論而來的種族。

PREFACE

前言

專業之死
——大學教授的專業就是這樣被扼殺殆盡的

我們如何拋棄大學教授的這個概念？也就是說，我們是如何決定有系統地剷除一整批專業人員？一群曾經受我們所託，負責把小孩教導爲成熟穩重有自信之成年人的專業人員。我們又是如何決定大學教授不配擁有一份安穩的工作、不配享有健保，還不配賺得比便利商店的店員還多？

其實，一點也不難。

我們拋棄大學教師的方式就如同我們拋棄家醫科醫師：讓專科醫師領著天價的高薪，然後把大部分的照顧工作丟給助理去做。

我們拋棄大學教師的方式就如同我們拋棄計程車司機：降低專業門檻讓每個人都能開計程車，只要司機符合基本條件而且搭車不需要花太多錢就好。

我們拋棄大學教師的方式就如同我們拋棄雜誌與報紙的作家：把他們的作品貼上「內容」這個標籤，然後說他們都是「內容提供者」。

我們拋棄大學教師的方式就如同我們拋棄在地的修車師傅：讓一切的系統與規則變得複雜精密，使得他們現在需要一批技術人員與專門設備。

我們拋棄大學教師的方式就如同我們拋棄記帳人員：連續幾十年說女性不可能勝任之後，最後還是交給女性來做，然後女性一旦做得游刃有餘，就立刻貶低這份工作的地位。

當代創新信念的其中一個宗旨：「不尋求擊敗競爭對手，而是讓競爭變得無關緊要。」這正是我們在高等教育所見。大學教師不是在奮戰之後、在一場有贏家與輸家的交戰之後落敗。大學僅僅是在一次又一次的重新界定中，讓大學教師變得可有可無。大學教學這項專業，是在一點一滴、不知不覺的定義之中流失而遭到剷除。

CHAPTER 1

招生文宣背後

——你上的大學不是你以為的大學，而你以為的教授其實是個臨時工

我們很容易想像大學與學院是一座堅實的堡壘，有如一座屹立不搖的知識燈塔，高聳矗立，面對著狂風暴雨的汪洋大海。我們腦中浮現的是爬滿常春藤的高牆，穿著斜紋軟呢外套、年齡約莫五六十歲的教授，他們從研究室的窗戶往外望，俯視著正在校園裡的老廣場（Old Quad）上丟飛盤的新鮮人。教師的終身職讓一切看來都很安穩，就像是把錢投資到房地產，堅守陣地的校舍已經落腳在此幾十年甚至幾百年，小鎮裡最古老的建築物位於歷史最悠久的地景之中。俄亥俄州立大學（Ohio State）與密西根大學（Michigan）在美式足球場上的世代情仇，就如同加州大學（Cal）與史丹佛大學（Stanford）、陸軍學院（Army）與海軍學院（Navy）、德州大學（Texas）與奧克拉荷馬大學（Oklahoma）之間所懷有的那般。象徵大學的吉祥物、校色以及教室裡的座位與教師陣容都是永恆，即使一代又一代的過客如過江之鯽，彷彿一個又一個在企業裡像顆螺絲釘的無名人士。

假如大學像我們所想的那樣穩定，那麼，也就可以來看看我們所謂成熟的生態體系

（ecosystem）是何模樣，指出扮演既定角色的物種名稱。我們有學生住在宿舍，有舍監看管門禁時間。校務會議裡有教授，大家遵照羅伯特議事規則（Robert's Rules）*溫文儒雅地反對院長及教務長的意見，而校長與政府的行政和立法部門則形成一種相敬如賓且恆久的權力平衡關係。我們有一大堆看不到的後勤人員，會計、場地管理與廚師，每一個人都是學校得以順利運轉的幕後英雄。我們有天馬行空的大二學生在校園報紙上鬧出一些屬於年輕人的笑話，學務長與校警隊隊長對於學生搞怪的創意以及偷偷拿著小啤酒桶閃過大門的舉動，也只能搖頭嘆息，表示莫可奈何。學校創辦人的雕像可能在校友會之後的清晨被人搬到校長的停車格上，然後塗上代表對手球隊的顏色。

匆匆走訪任何一所大學校園都會讓人有歷史重演之感，過去如實重現，並保留下來供日常使用。但是，一旦我們穿透表象，就會發現一個完全不像是我們長久以來所期待的生態體系，以及各式各樣的物種。我們發現有些老師完全不教書，而有些籃球教練教書。我們發現幾乎每位學生繳的學費都不一樣，有人拿到補助、有人因表現優異獲得獎勵、有些人因爲助教身分而減免學費，還有熱門科系的學費也有差別。我們還發現，過去分屬學生事務及學術事務的辦公室現在混雜了多種功能：課業輔導中心、大學生研究計畫、留學計畫、女性中心、留學生中心以及性別少數中心（LGBTQ+ center）。我們發現一些令人眼花撩亂的半獨立研究中心、機構，與公私協力組織（public/private partnerships）。我們聽說有大批學生已經轉進來，也有不少即將轉出去，使得學生入學辦公室承受著審查成績單的壓力，老師為了讓自己的課程與其他人的課看起來大同小異而喘不過氣。我們還感受到技術的無孔不入以及不斷升級。

此外，假如我們問問周遭的人，還會發現有許多老師與研究人員實際上都不在學校裡工作。

我從二〇〇九年到二〇一三年在此兼課。在此（社區學院），我教的是一年級的討論課與新生英文寫作，三學分的課大約可以賺到三千兩百美元。每一門課有十到十五個學生。而在另一所非常嚴格的私立大學裡，我教「世界文學與寫作一」（World Literature and Writing 1），鐘點費加起來大約兩千美元。我一學期想辦法同時在兩個學校上六門課，然後暑假會再多上兩三門。

海倫（Helen）參加寫作會議的時候，跟我面對面坐在空蕩蕩的休息室，回答我有關兼

＊ 編註：由美國將領亨利．馬丁．羅伯特於一八七六年出版，蒐集並改編美國國會的議事程序，普及於美國民間組織，是目前美國最廣泛使用的議事規範。

任生活的問題。我們大約聊了二十分鐘，隨著她整個人慢慢軟癱在椅子上，眼前的她似乎也愈來愈渺小，彷彿又把最近幾年的生活走過一遍：

工作就是要看很多很多書。我已經結婚，還沒有生小孩，先生是住院醫師，老是不在身邊。每間學校都要開車一個小時以上。我人生地不熟，先生也不在身旁。所以我的生活就是教書，替一些名校看申請入學的資料、當助教，還有替一家名不見經傳的報紙寫點稿子……我就是東拼西湊。這筆錢是我們家庭收入很重要的一部分，所以我真的必須教下去。

讓我們想一下這代表什麼。海倫教的密集寫作班，每學期超過一百位學生，每週至少有四門不同性質的課，也就是說，她每個星期要閱讀並且批改一百份橫跨四個不同主題的作業。一週若沒有工作六十個小時以上，根本不可能做這麼多，很有可能還要花更多時間。一個學期原本為期十五週，卻變成沒有酬勞或者只有部分補助的二十週，包含了開學前的備課，以及學期結束之後的成績批改。

海倫的住處離其中一間學校有五十英哩，離另一間位於另一個州的學校有六十英哩，公寓地點就在兩間學校的中間，距離她先生服務的大學醫院不遠處。她每個星期要在兩所學校各上三次課，而且學校排課完全不替她著想，所以她每個星期開上五、六百英哩實屬正常，一個學期下來就超過一萬英哩。

即使她拿的是英國文學的學位，但她卻對自己上的課程沒辦法有太多個人想法，全部的上課內容都是其他人所設計的，用以滿足更大的課程目標，而她永遠都不會知道那個目標是什麼。

由於花太多時間教書、打成績與通勤，根本就沒有足夠的時間在兩所學校開放研究室諮詢，不過，反正她也沒有自己的研究室，這件事連想都不用想。因此，所有的師生互動，隨性地指導化解學生的困惑，全部都要透過電子郵件才行。每一次短暫的對話都有可能變成他們自己一系列費盡心思的寫作計畫，造成那個星期的工作超載。

做了這麼多之後，她每年大約賺三萬美元，沒有健保、沒有養老保險，也沒有電腦或軟體。津貼要靠自己找更多臨時的工作來做，像是批改申請入學的論文、到課業輔導中心工作，還有寫一些新聞稿。

這並非細心、耐心地教導年輕人心智的好方法。現實的工作條件根本就不允許學生或老師去探索有前途的岔路，或是一開始犯錯到後來卻意外因禍得福。這一切只不過是用最低的成本提供產品。

每一年，全國大約有將近五千所大學會發送亮面印刷的傳單給焦慮的中學應屆畢業生以及還有一年才畢業的學生，努力吸引其中一批人來到學校就讀。他們放上的照片是顏值最高的大學生，攝於校園裡最漂亮的角落，然後是同一批漂亮學生在實驗室裡一對一地站在最有魅力的教授身旁。校園裡最佳的風景，不論是山丘、樹林或是充滿文青風的咖啡館，看起來都相當傑出。如果有任何一張照片中有雪，那一定是有人在滑雪，而不是有個穿著大衣、手上抱著一大堆書的人在雪地裡跌個四腳朝天。

這些文件顯然都是推銷工具，有如豐田Camry或福特F-150業務手上拿的宣傳單。簡單來說，傳單絕對不會說買車讓人心煩的事，像是城市通勤的塞車、驗車時在車輛管理局（DMV）大排長龍——有些大學經驗永遠不會放進招生資料中。比方說，嚴格篩選的研究型大學……那所給優秀學生就讀的學校、那所擁有世界級教授的學校……不會跟你說你女兒剛入學時的學術寫作課、數學課、外語課，幾乎百分之一百都是由非專任教師的其他人在教。

許多二流學校，那些保證學生會有璀璨人生與工作機會的學校，它們的傳單上不會跟你說你兒子大部分的老師都是臨時工。他們不會跟你說小孩子六堂、八堂甚至一年級的全部十堂課都是兼任教師上課。他們也不會講太多你的小孩只有75%的機會能繼續升上去讀二年級，而且畢業的可能性低於五成。也許，愈依賴兼任教師的學校，畢業的可能性就愈低。

任何一所大學都是一家大企業，有著上鏡的優美建築與校園、效能卓越的資訊系統、五花八門的體育活動，以及熱心助人的出納組、校園餐廳、助學金辦公室的校內職員，甚至是設計這些精美文宣的行銷團隊：這是固定與不變的支出，並且易於把學校推銷給渴望入學的家庭。弔詭之處在於，大學最基礎、最根本的特質——年輕學子向認眞的思想家學習——卻是最不穩定的商業元素，屬於最後一刻的臨時決定因素。

眼花撩亂的名詞套在高等教育內部的臨時工大軍上，像是**兼任教師**、**兼任講師**、**訪問學者**、**博士後研究員**、**實務教授**以及**駐校藝術家**等。這一切全部掩蓋了相同的基本條件：一門一門課地教，一年一聘，沒有長久保障，通常領到的是讓人難以啓口的微薄鐘點費，而且往往沒有福利。這些含蓄的說法模糊了事實，所以我就講白一點：在大學教書基本上已經變成一個路邊順手撿來的工作，就像當優步（Uber）的司機或是像在跑腿幫（TaskRabbit）一樣，只是接點雜事來做。

教學的無聲悲劇

美國大學裡有數以百萬計的兼任教師，也就有數不清的流浪人生。你只要在谷歌先輸入「兼任」、「博士後」或「臨時」，然後再加上「工作條件」、「危機」或「濫用」，按下搜尋，答案就出現在眼前。

也許你讀過其中一些故事。《大西洋月刊》（*The Atlantic*）說：「大學不能為它們如此對待兼任教師的行為卸責。」[1]《經濟學人》（*The Economist*）寫到：「用過即丟的學術。」[2]加州大學柏克萊分校的勞工研究與教育中心（Center for Labor Research and Education）研究發現，大約有四分之一的大學兼任教師正領著某些形式的政府補助。[3]

讓我們講得再具體一些吧。

二〇一三年秋天，《匹茲堡郵政報》（*Pittsburgh Post-Gazette*）報導了八十三歲的瑪格麗特・沃伊特科（Margaret Mary Vojtko）因為罹癌卻無力負擔治療費用而過世的故事。病人在家裡斷氣了，而她連繳電費的錢都沒有。她在杜肯大學（Duquesne University）教了二十五年的法文，每年六門課以上，年收入卻未曾超過兩萬美元，也從來沒有健保或退休養老保險。[4]

二〇一七年秋天，《舊金山記事報》（*San Francisco Chronicle*）報導了聖荷西州立大學（San Jose State University）的英文系教授佩妮（Ellen Tara James-Penney）的故事，每學期四門課的上課期間，她都在自己的車上過夜。[5]

> 下課後，佩妮說自己經常是開車到停車場批改學生作業。天色轉暗之後，她會戴著家得寶（Home Depot）買的頭燈繼續工作。到了深夜，她會再把車開到住宅區停好，

然後在自己那台二〇〇四年份的富豪（Volvo）汽車裡頭睡覺。她也會維持車子的乾淨整潔，以免啟人疑竇。

一個月之後，英國《衛報》（*the Guardian*）有篇報導進一步引起了關注，內容是關於一位「中年」兼任教師跑去賣春以彌補她微薄收入的故事。[6]

她第一次兼職是在幾年前，那陣子她的課程被砍掉一半，收入驟然下滑，日子很不好過，快要被房東趕出去。「那時候心中閃過一個念頭：『我都有過好幾次一夜情了，這又能糟到哪裡去？』」她說：「後來證明是沒那麼糟。」

這類故事就發生在你我身邊，或許她的車子就停在你家旁邊的街尾。我會在這本書裡盡我所能地再多講一些故事。

比方說，你可以聽聽妮可（Niccole）的故事。她在法國成長，從名校拿到財管碩士以

1 Frederickson, "There Is No Excuse for How Universities Treat Adjuncts."
2 *The Economist*, "The Disposable Academic."
3 Jacobs, Perry, and MacGillvary, "The High Public Cost of Low Wages."
4 Kovalik, "Death of an Adjunct."
5 Martichoux, "High Cost of Living Forces San Jose State Professor to Live in Car."
6 Gee, "Facing Poverty."

及藝術史博士。她二十四歲的時候快速踏上學術成功之路——完成博士論文後，一年內，她在大西洋兩岸用兩種語言發表了重要的論文。打從我們兩人一開始聊天，我就能感受到她對工作的喜悅：

這是生活調查，這就是我生活的方式。我一直很努力工作，熱愛教學，也喜歡跟人聊天。我真的很喜歡在教室裡的感覺。

但是，她爲了身爲美國人的先生要在紐約讀研究所，只好跟著先生來到美國，想不到情況就此急轉直下。

我朋友聘我到紐約（一所私立學院）的設計系當專任教師。其他老師畢業於哈佛大學（Harvard）與哥倫比亞大學（Columbia）。但是這間學校破產了，所以我只好從二〇〇六年開始到位於另一個州、搭火車要四小時的私立學院兼任，同時在附近的社區學院兼課，還到另一所（研究型大學）教暑期班。我還有份工作是訓練馬匹與教人騎馬。所以我有一份全職工作、兩份兼職工作。

不僅如此，我一直在策劃藝術展，然後透過我在博物館的人脈開點私人講座。我也在（另外一所研究型大學的）成人教育課程兼課，為一些有錢的收藏家講授藝術史。他們對我說：「這太瞎了，我們付給學校大把的學費，而他們卻什麼也沒給你。」所以我現在還到學生的家裡當私人家教，薪水是我在大學做同樣工作的五倍。

有位（國際著名博物館的）會員部主管（director of membership）聽了我一場演講，她非常喜歡，所以當沒有人策展的時候，我偶爾會給他們講課。我也在開學前兩個星期，接到學校（比較差的州立學校）電話要我接下一門課。我秋季班的時候上一門課，現在是春季班有兩門課，然後下一個秋季班會有兩到三門課。

這就是現在大學老師的生活樣貌。在車上、巴士上、火車裡，總是擔憂下個學期有沒有課可上。活在這些承諾的希望之中，而正是這些承諾逼得每個人沉默地撐下去。

在（那所遙遠的設計學院），我前後通勤了十年。做為一位兼任教師，我竭盡所能，盡可能兼到最多的課。我跟校方說，我想要個專任工作，但他們的回應卻是學校沒有錢可以開缺；所以我在二〇一六年夏天放棄了，在我付出十年之後。然後他們找到經費，開了一個終身職的缺，我就去申請了。（在目前這所排名很低的州立學校）或許未來有機會拿到終身聘……

妮可依然想要一份穩定的教職，雖然她知道自己已不再年輕，而她傑出的博士論文也已經是十五年前的往事。但儘管她仍懷抱希望，她對於自己的前途，還有她現在所服務的機構有何未來，也都看得愈來愈清楚。

找一份兼任很容易，但是所有好的工作都落到那些跟系上政治關係良好的人身上。假如你是個兼任教師，發表文章就會讓你左右為難。你必須出門做研究、查閱檔案，還要出去參加研討會，但是你暑假的時候要接課。你沒時間也沒錢去發表文章。我已經步入中年，需要開始想其他的出路了。

大學最終會找專任教師都是鬼話，我不相信。有學生問我要不要繼續攻讀博士，我一直勸他們打消念頭。我這一代已經被犧牲，因為他人的決定而陷於動彈不得的窘境。博士完全沒有任何價值，所以我一直勸自己的學生別讀博士。如果你是為了滿足自己的知識生活，你有錢有閒，那好，就去讀吧。但假如不是，馬上放棄這個念頭。

教授拿到的鐘點費也很可笑。每一班的學生加起來可能付了六千美元學費，而你拿到的是一百美元。除了上教授開授的課，學生到大學裡還做什麼？大部分的學費應該要付給教授才對。頂著博士學位，你竭盡所能卻都賺不到什麼錢。你發表文章之後可以拿到百分之十，但你上課之後拿到的是很微薄的薪水。這份工作是不斷地貶低你生產的價值。而這是我們同意的契約，也是被普遍接受的事實。我們花了十年做研究，獲得的卻遠遠不如那些只花一半時間準備的人。

或許整個大學體系崩潰是件好事。

故事中的問題：什麼時候八十等於九了？

聽聽另一個故事。我的朋友珍妮（Jane）在紐約市一所大學接了一門研究所的課，同時也在波士頓（Boston）教書，然後她會利用在閃電巴士（Bolt Bus）上單趟四小時的車程批改學生的作業，並在紐約母親家裡的沙發上過夜（她已經六十歲，她的年齡無法理解一個有博士學位、學有專精的學者爲何會睡在母親家裡的沙發上）。紐約的學校有教師工會，工會也會爲兼任教師爭取工資，根據教學經驗多寡決定時薪高低。因此當珍妮簽約的時候，她的教學資歷可換算成每小時八十多美元的鐘點。這聽起來很棒，但實際上並不是。讓我們看看每小時八十美元最後如何變得低於最低時薪。

工資的計算是**授課**（contact）一小時八十美元。一堂三學分的課（一星期三小時，總共要上十五週）就是四十五個鐘點，也就是說，珍妮上這堂課的薪水大約是三千六百美元。一堂三學分的課程的標準期望是讓學生每週花三小時來上課，然後課外還要另外花六小時——

讀書、寫作業以及學期報告等。我認識的每位老師所花的時間都**遠遠**超過任何一位學生。除了寫備課筆記，重讀下一本書的內容，也還要批改與指導學生的作業，寫一些鼓勵、讚美或是警告要把人當掉的電子郵件，我自己每週在每門課所花的課外時間從來就沒有低於五小時。但是讓我們保守一點吧，假設珍妮每門課外多花三小時跟每一個學生互動就好（實際上更多）。以此計算的話，每學期四十五小時的授課，整個加起來要工作一百八十小時。

所有的備課時間——編寫全新的課程大綱、揀選閱讀材料、配合系主任討論學習目標、配合資訊部門把上課材料上傳到課程管理系統，全部都不算在這十五週之內。這些全部都是義務工作。我們還是說得保守一點，就把它稱之爲額外八十個小時的課程發展吧。然後學期結束之後，你要改期末報告、期末考考卷，煩惱怎麼打期末成績，彙整與記錄學生的作業好給校方留下紀錄。這又是另外八十個小時，同樣不算在十五週之內：更多的義務勞動。還有校方一連串的日常通知，以及系主任、人事處以及教務處不斷寄來的電子郵件。

因此，四十五個授課時數根本就是幌子，掩蓋了三百五十小時，也許是四百或甚至更多的工作時數。三千六百美元的稅前鐘點費，沒有任何保險，像是健保或養老保險，除以四百個小時，也就是每小時九美元。這個時薪在我住的佛蒙特州（Vermont）正好稍稍低於最低工資。

當然，如果珍妮一門課教到第二次，而且她還是個得過且過、不在意自己工作的老師，那麼，她的包包裡就有現成的授課大綱，只要改改日期就好。她已經有了閱讀的書目清單，不在乎上學期的閱讀文獻哪些對學生有幫助、哪些沒幫助。她也放棄了大部分認眞的隨堂測驗，減少閱讀的份量。然後，她就在課堂上按照上學期做的筆記內容照本宣科，因爲學生是否有在聽她講課根本就無關緊要。所以，如果現在她採取最不費力的方法（有可能造成教學評鑑結果很差，導致學校不再聘用她），那她也許可以讓工作負擔減少到一門課兩百五十小時，如此一來，她的時薪就可以提高到每小時一四．四美元。

同樣糟糕的是，一堂三學分的課有三千六百美元的收入事實上是高於一般行情的。美國大學教授協會（The American Association of University Professors）的報告指出，一堂三學分的課，全國鐘點費的中位數是兩千七百美元。所以把我說的全算進去，薪水只有剛剛數據的四分之三。

尊嚴掃地

一場糊塗的職業生涯帶來的後果遠遠不只是在經濟層面上而已。難以掌握的人生會以各種方式將人消磨殆盡。

首先，臨時的研究員或教師沒有權利談自己的想法。學術生活的基礎，也就是知識上的自由，根本就遙不可及。在一所研究型大學從事博士後的肯黛絲（Candace）談到自己與同事們是如何的忍氣吞聲：

我的意思是，大家都說博士後是個絕無僅有的地獄，但是這裡最大的問題是那些會霸凌人的老闆。我之前跟一些笨蛋和無知的人一起工作過，但在這裡我們是受到言語上的騷擾，在人面前抬不起頭來，隨時都要低聲下氣。他們認定我們一無是處，講白了，我們只能處理一些低階的工作，因為「博士後沒有更好的事能做」。我是說，當我要推薦獎學金的得主，這件事我覺得真的對學生很有幫助，但我的老闆會笑著提醒我，她可以把我的工作改為兼職，如此一來我就會失去我的福利。他們開玩笑地說博士後是一種制度上的奴隸；這種挖苦的話稀鬆平常。

讀研究所的時候，我真的覺得自己是學術界的一分子，教書與指導學生。但是在這裡，他們把博士後當成寄生蟲，彷彿我們就是只會索討、索討、索討，然後帶著所有的資源離開。你知道的，我們明明也帶了一些資源進來……而整個補助計畫完全就是只看上下階級關係。當介紹團隊的時候，人家會說計畫主持人是某某「博士」。但是博士後永遠不會被這樣稱呼，我就像是「我也是個博士……」。

但是，現在肯黛絲的工作幾乎完全要仰仗她博士後指導教授的大力推薦，因此日常生活中的忍辱負重靠的是微弱的希望，希望有一天自己的賣命能獲得回報。

類似的自我審查也發生在大型大學兼任的安妮特（Annette）身上，她擁有傑出的研究型大學博士學位，以及將近四十年的教學經驗：

> 這套約聘體系的一大問題在於，做這份工作的人把聲望看成一部分的補償。老師講到自己的身分時就模糊帶過，學生根本就不懂箇中差別，直接叫你「教授」。學生對你的支持與尊重，遠遠勝過你在校方那邊像個隱形人的狀態。來自學生們的尊重與崇拜所產生的誘惑力，意謂著你很難將內情公開，坦承自己就是個被剝削的工人。

如果安妮特下學期還想回來上課，她深知對於自身處境裝傻，就是拿到新聘書所要付出的代價。有時候不能說的祕密不僅僅是斯文掃地。有一份針對學術圈性騷擾問題而委託研究的報告詢問了受訪者在受到騷擾時的身分。[7]近三千名的受訪者之中，大部分是大學生、研究生、博士後、兼任或訪問學者，這些人的上司都是那些有權決定他們學術未來的人。直接

---

7 Kelsky, "Sexual Harassment in the Academy."

槓上或是往上舉報有可能造成他們原有的補助馬上遭到撤銷，或是明顯破壞自己在同事之間的名聲與前途。忍氣吞聲才是比較安全的作法。

所以是低薪、沒有福利再加上噤聲。但是別急，還有更多。這也沒有工作保障。在新聞報導的故事裡，工廠或店家倒閉時立刻就解雇幾百個或幾千個員工，這種驟然停業對工人來說總是晴天霹靂。高等教育的故事裡就不會如此突然：基本上，學校在每一份合約終止時就把所有的臨時雇員解聘。即使過去十年來表現傑出的老師，或是校方極爲重視、也需要他們付出的人，仍然會懷疑自己的下一個工作還在不在，直到每學期開學的第一天才能確定。接下來就是埃莉諾（Eleanor）的故事，她已經在同一所學校教了十一年，大部分的時候，每學期有二到四門課：

原則上，學校會在每學期結束的前一個月問我下個學期還要不要上課。但是，一直到選課結束，不論是何時，我都無法確定接下來是否要上課。有時是選課的學生人數不夠、課開不成，有時是課表上直接刪除這門課……我曾經在都已經開學的時候才沒課可上，因為選課率太低，又或者是因為他們把兩門課合併成一門課。任何可能性都有，因此你無法真的期待教書成為一份可靠的收入來源。

好吧！所以是低薪、沒有保險福利、忍氣吞聲，再加上要一直擔心下個學期的經濟收入可能不如這個學期。但即使如此，這些承諾還是一直讓每個人願意回來上課。這些承諾是：如果他們苦幹實幹，有一天就有機會在主桌占有一席之地。

以蕾蓓卡（Rebecca）爲例，她已在一所研究型大學兼任十三年，她認爲兼任是邁向專任的一步。

當我開始在（研究型大學）工作，我腦中真有就差臨門一腳的感覺。但是在連續幾年都是系裡聘請專任（非終身）的最終候選名單之後，我無意中發現另一個同事也在名單裡，而她已經在系上教了二十五年了。我真的手足無措，我們家亟需這筆薪水，我也對這份工作很感興趣，但我覺得如果是我拿到專任，那對她實在非常不公平。我整天煩惱自己如果拿到專任要怎麼辦。到頭來，我們兩個都落選了。整個過程讓我心煩意亂，最終是幻想破滅，實在是有苦難言。

兼任十年的保羅（Paul）則是在他教書的學校，還有另外兩所學校，擠進三個職位的決選名單。他甚至在找工作的過程中，眼睜睜看著工作從終身職變成約聘：

找工作的情況今非昔比。工作職位在聘人的過程中消失，或是變成一場騙局——他們找了個莫名其妙跟工作內容毫不相干的人。當一項計畫想要找出研究方向，或者要讓計畫變得高不可攀，他們會刊登徵才廣告看看能找到什麼人。如果他們有了「對的」候選人，也就是能讓計畫看起來更亮眼的人，他們就會錄取那個人，而不管原先徵人的工作內容為何。

原本可能是終身聘的職位變成一年約，一年之後有可能續約。他們原先公告的工作是長聘，但卻在徵才的過程中很神祕地變成一年一約的專案。

總的來說，低薪、沒有福利、不敢發聲、一學期一學期聘沒有工作保障、再加上毫無誠信可言的承諾，讓每個人如履薄冰，有如狗主人假裝把球丟出去要狗去撿。這就是美國大部分高等教育勞動力所面對的命運，也是我們大多數學生所迎來的老師。

教學等級

即使如此，妮可斷言整個體系還是**不會**崩潰。我們依靠兼任教師的情況實非偶然；這是高等教育針對各種特權人群提供各式服務所呈現出來的標準運作特徵。兩個人一起吃個晚餐，如果在紐約的高級日本餐廳「雅」（Masa）要價一千五百美元，如果在佛蒙特的餐廳「林中母雞」（Hen of the Wood）要花一百五十美元，而在連鎖速食店「塔可鐘」（Taco Bell）則只要十五美元，但至少我們在點菜（或是通過得來速）的時候都知道自己會拿到什麼食物。大學教育的消費者環境同樣把一大堆學生帶進高低有別的服務之中，但是卻沒有清楚說出消費者會買到什麼，或是爲什麼有些人獲得特別關照，但有些人卻是由拿著最低薪資的兼課教師來教。想當然爾，老師與學生的命運相互交織：最沒有權勢的學生，可能就只有最沒有權勢的老師在教導。架空教職員這件事在底層發生得最快，發生在最不可能注意此事、也最沒有權力抵抗的學生及家庭身上。

每一個局內人都心知肚明。在二流州立大學（該校有三分之二的老師都是兼任）裡擔任學生服務中心主任的某人對我說：「我們現在跟女兒正在參觀大學，她是個好學生，而我們學校實在不適合她。」

沃爾瑪超市的繼承人並不需要靠著買自家店裡的貨品來致富，同樣地，在那些工人與中產階級小孩就讀的大學裡工作的人，他們也會把自己的小孩送進比較好的大學。我有個好朋友一生都在大學教書，她後來在一所私立大學擔任教務長，其中有四成教師都是兼任教師，而她現在則在一所六成教師都是兼任的大學裡當校長，但她把自己的小孩送進一所全國菁英文理學院，該校的兼任教師只占15％。我另外一個好朋友，他在一所兼任教師占五成五的普通州立大學當系主任，他兒子在選大學的時候只到主流的研究型大學參觀，而當我聽到小孩的母親描述小孩準備選校的過程時，我不敢相信自己親耳聽到的一字一句，我父母在四十年前我選校的時候都沒這樣跟我說過：

「讓我們考慮一下哪些學校最適合你。」

「我知道學費很貴，但我確定學校會有助學金。」

「我三月會請假一個星期，我們可以一起走訪一些學校。」

「我去跟負責入學的人談談看，看看能否直接打通。」

「你要看看系上有哪些老師，或許你可以跟他們學著做點研究。」

「他們在七月的時候針對即將入學的新鮮人有一星期的暑期新生訓練，你會玩得很開心的。」

「在你上大學之前，我們會給你一台新的筆記型電腦。」

這些話聽起來一點也不令人意外，數百萬名家長都會講類似的話。但是還有其他千千萬萬名的家長沒辦法請假一個星期帶小孩去參觀校園。他們也花不起一個星期的旅費讓小孩參加暑期新生訓練，他們不瞭解大學的運作結構有哪裡可以插手，他們也不會知道如何進行校或系之間的評價。文化資本代代相傳，而我們有許多學子儘管聰明上進，但他們起步的時候根本沒有太多文化資本。他們將會成爲那些資源最少的老師在校門前遇到的學生，而那些老師們沒有太多的人脈可以幫助學生往後人生的前進。

沒有兇手的犯罪

最大的問題在於，雖然這些兼任教師的生活故事聽起來很可怕，但是裡頭沒有任何壞人。只要進一步瞭解，教師受到邪惡的行政人員或正義的州議會圍攻的「戰鬥故事」其實站不住腳。好吧，實際情況可能更糟。

> 我們主要的義務為何？我們要如何用手上的資源提供最佳的體驗？提升教育品質的方法數之不盡……我們要如何從中挑選自己的作法，並有所節制？你必須要清楚什麼生意你會做，什麼你不會做。如果我的宿舍一層樓只有八十個學生而不是一百個，我還是會安排舍監。我還是會有助學金，還是有圖書館。面對註冊率的起伏，學校最能夠拿掉的是什麼？教室。
>
> ——泰瑞（Terry），小型私立大學負責規劃的副校長

高等教育裡的約聘制（心甘情願在最重要的一塊領域降低標準），是我們對於誰才應該

上大學，以及期待他們在大學裡獲得何種經驗的信念歷經重大轉變所產生的結果。這結果是數百萬計、立意良善的決定所造就的，卻導致了學生與老師的意外悲劇。大學，尤其是那些給不那麼菁英的學生就讀的大學，充滿著不確定性。學校的註冊人數不定、每年的經費變化不定、消費者的需求不定、全國的教育與就業趨勢也不定。目前大部分的老師已是兼任，這並不足為奇，學校居然還會有終身聘的教師，這才讓人驚訝。

本書的目標是清楚呈現出學生與未來的老師進入不同教育層級的軌跡，每一條教育層級所提供的職涯與生活機會。如此一來，才能幫助家中有小孩還在選擇大學的家庭知道他們即將進入什麼學校、誰將帶領他們學習知識。我們可以從中瞭解大學的首要目標從聘用老師變成購買其他資源的原因。本書有助於研究生知道自己拿到的高等學歷，是否能成為未來獲得一份真正教師工作的關鍵。

這本書，是家人送我去讀大學時我應該要看的書，也是我在考慮是否讀博士時該看的書。這本書源於幾個根本問題：大學是什麼？大學教學是什麼？為什麼有些參與者（包含學生與老師）如此安穩，而有些人卻茫然無所適從？

CHAPTER
2
終身聘與約聘
——為何兼任教師再怎麼傑出，都無法提供學院生活更大的價值？

Adjunct (*n*)：附屬品（名詞），A連接或加進B，但基本上不屬於B的一部分。

——韋氏線上字典（Merriam-Webster Dictionary online）

每個機構都有它上下嚴明的等級制度，有它區分出士兵與軍官、公爵與子爵、神父與主教的一套排名系統。學院與大學教師，也就是一群主要工作是設計與創造出教室中的授課內容、學術研究以及引導個別學生學習知識的學者，同樣是如此。

教師生活基本上分成兩群，也就是大家耳熟能詳的長聘制（tenure-track, TT）還有非長聘制（non-tenure-track, NTT）。長聘制教師就是有人要我們思考「大學教授」這個概念時會想到的那群人。他們負責教書，並積極投入校園生活；他們爲系上設計課程，並爲整個學院訂定核心課程。長聘制教師的職責是校園裡持久的知識生活，他們的興趣變成學校的利益，他們的知識好奇心會在整個校園中打造出學術力量與研究中心。他們未來的發展獲得很多的投資、頂著專業會員身分到處參加學術研討會、有研究設備、資訊資源隨手可得，還有帶薪的研究休假讓他們可以發展有前瞻性的研究。長聘制，簡單來說，就是試用期之後擁有就業保障，但更重要的是，長聘制的安排意味著學校夠在意他們、願意投資在他們的專業成長，而且學校信任他們，讓他們可以掌握課程設計的關鍵，並享有研究的自主性。

不過，還有一種次一等的教師，出於某些原因或某些形式之故，他們得不到任何類似的投資與信任：他們是非長聘教師。他們和長聘老師之間有以下的差異。他們沒辦法期待穩定；事實上，一切期待都是暫時的，合約短則一個學期一堂課，最長也只是短短幾年。非長聘教師無法開課，甚至連上課的課程大綱內容都不是自己決定，而是講授其他人所設計的標準課程。沒有人支持他們教學與研究，只能在二者間擇一進行。他們基本上沒有太多或是根本就沒有任何專業發展的機會，也沒有人出旅費讓他們參加研討會、加入學會，或是支付出版開銷。

這兩種人的薪水天差地遠。長聘制以助理教授起步，全國的平均薪資是六萬九千兩百零六美元（約台幣兩百萬出頭），還有勞健保等各項福利，以及開會與研究等各項補助，這些額外的經濟價值大約是他薪水的一半。[1]六年的試用期過後，如果升等，就是副教授。全國副教授的平均薪資大約超過十萬美元（約台幣近三百萬），外加取得長聘地位，亦即保證終身雇用，除非犯下罪該萬死的過錯或是滔天大罪。最後，服務幾年之後如果經過同儕的審查、被認爲表現傑出，也就是升等爲教授，平均薪資是十萬零兩千四百零二美元。雖然薪水顯然還差律師（十二萬美元）還有家庭醫師（十九萬美元）一大截，但學術界一直爲圈內的終身職教師提供一份安穩舒適的職業。

非長聘的教師就差多了，全職的博士後研究員年薪跟同校的助理教授相比，大約少了一萬到兩萬美元，再往下的話是兼任每一門課的鐘點費，大約是兩千到三千美元。二〇一二年，美國「學術勞動聯盟」（Coalition on the Academic Workforce）調查發現，大學裡一門三學分的課，兼任教師的平均鐘點費大約是兩千七百美元。[2] 就假設現在的鐘點費有比那時候高一些吧。即使如此，夠幸運的兼任教師每個學期可以接很多門的課，再加上兩門暑修課（像是海倫每週要開車來回五百英哩），一年大約可以賺到三萬美元，但每個星期的工作時間要超過四十個小時在規劃上課內容、打成績，然後回學生電子郵件，學校不會提供健保或養老保險，也不會管你生病或是家裡出了什麼緊急事件，而且每個學期結束之後也毫無保障。他們所教導的大學生未來會賺得比他們更多，剛從學校畢業的平均薪資大約是五萬美元。[3]

1 American Association of University Professors, *Visualizing Change*.
2 Coalition on the Academic Workforce, "A Portrait of Part-Time Faculty Members."
3 Tuttle, "New College Grads."

非長聘（兼任）教師到處都有，但他們平常會假裝得跟長聘教師（專任）一模一樣。在教室裡的學生，把學生送到學校讀書的家長，或是專業的觀察人員，都沒有辦法看出誰是專任，而誰又是兼任。許多非長聘（兼任）教師都非常傑出，提供堅實的大學本科教育是他們主要的工作。他們**無法**提供的是學院生活更大的價值：持續地、年復一年地引導特別認真的學生；沒課的時候很容易可以被學生找到；把不斷傳遞的資訊中萃取一點一滴累積下來的智慧做成教材的辦公室時間。由於這些兼任教師幾乎沒有機會教授博士班課程，所以他們**無法**對培養下一代學者表達意見。他們**無法**發揮所學，爲更大的學術論述提供顯著的貢獻。兼任教師是內容的提供者，卻只能達成有限的任務。校園裡更大的學術生活完全不屬於他們。

謊言，該死的謊言

美國的高等教育現在大約有超過一百萬人是臨時教師或講師，提供廉價勞力的來源，即使大學的學費已經飆漲。傳統上，兼任都是老經驗的教師，他們可能還在工作，或是剛從學術界以外的行業退休，靠著自己可以掌控的時間，在大學或是社區學院教一兩門課。兼任的工作為他們增加一點外快，而教書並不是他們的正職。這樣的兼任教師現在還有。但是整個國家的趨勢顯示，學校教導學生的繁重工作，愈來愈依靠兼任教師與其他臨時的教職工，而不是全職的終身聘教授。如今，同一個人在好幾個學校兼職，已經是許多兼任教師在高等教育中拼湊成一份全職工作的方式。

——民主黨員，美國眾議院，二〇一四年。[4]

儘管有許多人試著要做，但是基本上不可能算清楚有多少大學老師是長聘、有多少是約聘。使用名稱也會因不同學校、監管體系還有監督者而有所差異。

根據美國大學教授協會的調查，在大學裡，長聘制終身教師的比例從一九七六年的45%，下滑到如今的25%。[5]另外，不論過去還是現在，大約有15%到20%的老師是研究生兼任，讓他們在跨進危機四伏的大海之前先瞭解這一行的滋味。這表示，現在美國大學院校裡的老師絕大多數是各種形式的約聘勞工。

美國綜合高等教育數據系統（US Department of Education's Integrated Postsecondary Education Data System, IPEDS）並未使用長聘與非長聘來計算，而是用**專任**（full-time）與**兼任**（part-time）教師來算。你可以看看自己感興趣的學校是何種情況。[6]以佛蒙特的西南

4 House Committee on Education and the Workforce, *The Just-in-Time Professor*.
5 American Association of University Professors, "Higher Education at a Crossroads."
6 你可以透過國家教育統計中心的網站尋找全美各地獲得認證的學校。請參考：https:// nces.ed.gov/ collegenavigator/ 這裡所說的教師人數是二〇一六年秋間的數據。

部爲例，附近的卡斯爾頓大學（Castleton University）有九十四個專任以及一百六十六個兼任教師。綠山學院（Green Mountain College）有三十九個專任與二十三個兼任。聖約瑟夫學院（College of St. Joseph）是十個專任與三十四個兼任。佛蒙特社區學院的專任教師是零，六百一十一個是兼任。（你沒看錯……六百一十一個老師裡頭沒有一個是專任。）

從一九七〇年以來，全美國學院與大學的註冊學生人數成長超過兩倍，從八百六十萬人增加到約兩千萬人左右。[7]專任教師的人數增加也大約是這個速度，從三十七萬人增加到七十九萬人。另一方面，兼任教師的人數則是由十萬五千人變成七十五萬五千人，總人數增加爲七倍。[8]

不過，儘管數字不太好看，但實際情況卻是更糟。當我們提到約聘教師人數的時候，大家經常是各說各話，因爲專任教授跟長聘教授並不是同一回事。《高等教育紀事報》（*The Chronicle of Higher Education*）蒐集的全國資料顯示，有超過一半的專任教師並不是終身聘，都是有限制聘期而且不用指望會更新契約，也不歡迎他們來討論更大的學校使命。[9]美國大學教授協會則提出不同的比例，顯示大約有三分之一的專任教授非長聘。[10]不論是哪一種說法，大學裡都有大批老師是活在各種不穩定狀態的中間地帶，當學校想要看起來更有公信力時，就會宣稱他們是學校的一分子；當學校不給他們長聘教師的特權時，就會跟他們劃清界線。（見頁42，圖1）。

理論上，「師生比」也應該是很簡單的事：大學生總人數除以教師總人數。但何謂教師總人數呢？只是指人數相對少的長聘教師嗎？並不見得。有些專業認證團體還有聯邦IPEDS的回報系統，都是把**專任+（兼任÷3）**當成教師總人數，每一個約聘教師都算成三分之一，這是五分之三妥協（Three- Fifths Compromise）*的學術界版本。[11]從教學現場來看，一所大學可能有很亮眼的師生比，例如一個老師對上十二個學生。但是，如果把約聘的教師拿掉，實際的情況可能比較接近四十到五十名學生配上一個**終身聘**教師，使得指導學生的頻率更低，也更少個別指導，減少了學生建立改變自己一生持久關係的機會。

甚至是當一所學校提到校內的兼任教師百分比時，實際上的意義都不太清楚。我舉個簡單的例子：在一所普通的州立大學，有一百個專任與一百個兼任教師。專任教師每個學期要

---

7 National Center for Education Statistics, "Total Undergraduate Fall Enrollment in Degree-Granting Institutions."

8 National Center for Education Statistics, "Number of Faculty in Degree-Granting Postsecondary Institutions."

9 *Chronicle of Higher Education*, "Contract Lengths of Non-Tenure-Track Faculty Members." 截至二〇一五年秋天，非長聘教師中有17%是複數年合約，34%是一年合約，49%是一年以下的合約。

10 American Association of University Professors, 'Higher Education at a Cross-roads," 14, figure 2.

* 編註：一七八七年，美國南方與東北方在美國制憲會議中達成協議，協議中將奴隸的實際人口乘以五分之三，作為美國眾議院成員分配與稅收分配的用途。

11 National Center for Education Statistics, "Fall Enrollment Full Instructions," Reporting Directions Part F: Student-to-Faculty Ratio.

	長聘老師	全職非長聘	兼職非長聘	助教
大學說法	這些是我們的專職教師		這些是我們的兼職老師	這些是我們的學生
學生感受	這些老師會一直跟我們在一塊	這些老師除了那門課之外都找不到人		

圖1　回報約聘教師人數的遊戲

上四門課，而兼任教師每個學期平均是兩門課。但是，兼任教師教的是班級規模較大的基礎課程，每班平均四十個學生；反之，專任教師通常負責本科系大三與第四的討論課（seminars），每班平均十五個學生。下頁的表1說明以三種不同方式呈現同一所學校的教師比例。

不論我們討論的是個別學校或是全國資料，「兼任的比例」可以有各種解讀，但是沒有一種可以讓我們瞭解學生的受教經驗。一切都留給未來可能入學的學生或是學生家長去確定當地的實際聘期和實施情況，並且瞭解當地的計算方式。各個大學之間的比較變得更加不透明。

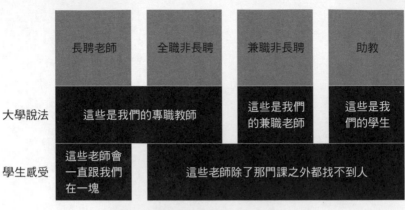

掩蓋事實的天文數字

但是，你知道……六十萬、一百萬、百分之七

表1 一所學校，三個百分比

專任教師人數	100
兼任教師人數	100
合計	200
兼任教師比例	50%（100個兼任／200個教師）
專任教師授課數	800（100個專任，每年8門課）
兼任教師授課數	400（100個兼任，每年4門課）
總授課數	1,200
兼任教師授課比例	33%（400/1200）
上專任教師授課的學生人數	12,000（800門課，每門15人）
上兼任教師授課的學生人數	16,000（400門課，每門40人）
授課的學生總人數	28,000
上兼任教師授課的學生比例	57%（16,000/28,000）

十，諸如此類。當我們碰上這些天文數字，人通常會變得眼神呆滯。引一句史達林（Joseph Stalin）的話，一個人的死是悲劇，但是一百萬個人的死就只是統計。所以，讓我們看看小一點的數字，從一間學校的數據看看一切是如何運作。（請見表1）

以下是一所人數眾多的公立研究型大學對於自家學校寫作計畫（writing program）的描述，這門計畫要負責排出一系列的寫作課，每年會有超過一千七百個人選修。

寫作計畫每年要教九百門課。授課老師包括一百個兼任講師（PTL），一百二十個教學助理，三十個全職的非

長聘教師，還有一個終身職的教師擔任主任。——安妮特（四十年經驗兼任教師）

這些縮寫以及角色的模糊之處，大部分的學生與家長根本看不到，他們看到的是課程時間、老師姓名，還有哪些人會來到教室由一名老師上課。但是，我們心目中的大學老師，亦即終身職教授，在整個寫作計畫中只有一個人代表，他的長聘職位讓他在學校有個穩定的身分，而其他兩百五十人都另當別論。

這群非長聘的教師中，寫作計畫又可以分成兩群人。學校用PTL表示兼任講師（part-time lecturer）：清道夫、底食者（bottom feeder），視課程需要來付鐘點費。兼任講師完全可以勝任教授指定的課程：大一作文、商用寫作等等。許多兼任教師（如安妮特）接受了學者養成訓練、有了博士學位，對學術圈職涯的抱負卻被消滅殆盡。這間大學現在宣稱不需要對他們負責，任憑修課人數決定他們兼任教師的人數多寡。上百人至少要承擔九百門課的三分之一，甚至有可能高達一半，每個兼任講師每個學期要上一至兩門課。

「專任的非長聘教師」什麼都不是，雖然學校想要強調**專任**的部分，希望老百姓不會察覺他們不是眞正的長聘教師。他們賺的薪水可能勉強足以過活（低於剛入職的助理教授兩萬或三萬美元），而且可能有一些配套福利，甚至可能有退休金。但是，他們合約的聘期固定，大部分是三到五年，合約結束之後就不再需要他們的服務。除此之外，正如燕雀永遠不會變成鴻鵠，非長聘教師幾乎不可能搖身一變成爲長聘教師。他們都位於生命的底層、食物鏈的末端，一旦他們的利用價值耗盡，也就不受人歡迎，而且求助無門。

雖然專任的非長聘教師對於課程設計以及負責授課的整體課程沒有太多發言權，但常常要做些行政工作（藉此換取十二個月的合約，也就是說，他們連暑假也不得閒，沒辦法從事原本要作爲整個生涯發展一部分的研究與寫作工作）。他們可能要安排或指導助教中心（tutoring center）、要負責評鑑，或是招生與協調，還有檢查最底層兼任教師（清道夫）的工作。如此一來，長聘教師（還記得這個人嗎？就是那個負責寫作計畫的主任）就有時間寫期刊投稿、外出參加研討會，或是代表整個寫作計畫出去露臉，搶走默默工作者的光芒。

此外，在這整個計畫中人數最多的一群就是教學助理，或是助教（TA）。你可能會以爲教學助理的角色如字面所示，負責教導助理協助老師、帶領小組討論、登記出席情況還有批改作業。但通常的情況是教學助理大部分是研究生，校方只告訴他們教室位置、提供閱讀材料還有選課名單，然後就要他們去工作。教學助理一直占大學教學主力的15%至20%，而且基本上是由學生兼任，發展個人的學者生活。他們的教學身分是他們與大學討價還價的籌碼，用每星期上一門課來付學費。雖然有教書，但他們不是老師。他們屬於另外一群人，也就是學生。他們類似於整個生態體系裡的兩棲動物，隨著學生與教師環境的需要而改變。

因此當我們仔細看課程的實際內容，每年九百門課，大概又可以區分如下：

- 助教：兩百四十門課（有一百二十人每個學期教一門課）
- 專任非長聘教師：一百八十門課（有三十個人每學期教三門課）
- 兼任講師：剩下的課，大約四百八十門（一百個兼任講師每學期上一到三門課）
- 長聘教師：兩門課（一個人每學期教一門課，其餘的薪水都是擔任計畫主任的薪資）。

換句話說，假如你的女兒讀的是這所充滿幹勁、資源充裕且學費昂貴的大學，那麼她大一的寫作課大約八九不離十是由學校的臨時老師與約聘教師來教。

寫作計畫課程大概是生態失衡的大學中最糟糕的例子之一，其他的還有大一跟大二的數學課、非理工科系的自然課、初級外語、社會科學與人文學科導論等。我們之後會再說到為什麼類似風氣會重傷老師，但是現在只要注意，這一切會成為新生感受很重要的一環。大約早在二〇〇〇年，美國校務研究專業協會（Association for Institutional Research）就已經發現在一間典型的公立大學裡，大約有八成的新生，第一學期有三門以上的課是由兼任教師授課；他們也發現接觸兼任教師的時間和學生決定是否會繼續讀第二學期有關。[12] 這些新生——學術圈的新血輪、決定該所學校是否值得他們耗費生命的年輕人入學之後，迎接他們的都是和學校關係最淺、最沒有歸屬感的人。

這可能不大明智吧。

第一年經歷到的不確定性有助於解釋爲什麼美國有四分之一的大學新生決定不再繼續讀第二年，還有，那些更仰賴兼任教師的學校，新生輟學的比例爲什麼接近40%。[13]每個人自己的課堂感受可能還好，但是大家一起進入知識成熟的學院那種感受已經不復存在。

不言而喻的信念與前所未見的結果

當我用了「大家一起進入知識成熟的學院那種感受」來形容，我是講出我心底的信念，是藉由闡述現代大學依賴兼任教師所流失的東西來說明高等教育的使命。這並不是其他人用來敘述他們對高等教育興趣的話語。

比方說，有些人可能會說出自己對於職涯訓練的清楚體悟……

---

12 Schibik and Harrington, "Caveat Emptor." See also the Center for Community College Student Engagement's findings (in Contingent Commitments)。社區學院的兼任教師比起他們全職的專任教師，更有可能會去教「補救」或「發展」課程。

13 National Student Clearinghouse Research Center, "Snapshot Report: First-Year Persistence and Retention."

進入嘉維蘭學院（Gavilan College）迎接你璀璨的未來，接受能反映人類所需且預測商界與產業需求的教育。職業與技術教育學程（Career and Technical Education, CTE）提供學生在競爭的商業世界中求生與發達所需的技能與機會。學生完成在嘉維蘭學院的技職教育學程後，將成為市場上炙手可熱的人才，也比較有能力養家與餬口。[14]

……或者研究的重要性……

每一年，加州大學柏克萊分校從研究以及其他校外資源，獲得超過五億美元的支持。二〇一七年六月三十日結束的會計年度，本校總共拿到八億四千七百五十萬美元的獎勵。[15]

……或者就只是講一些後青春期的樂趣；

談談杜克大學（Duke）的運動。即使你不是狂熱的運動迷，也很難抗拒杜克大學無所不在的感染力，校園裡的廣場上塞滿塗成藍色的學生，在大勝之後圍著營火歡呼。校園裡有一種真正的兄弟之情，還有難以置信的精神——狂勝對手之後臉上塗滿藍色，跟你看到的每一個人一起繞著營火跑，絕對是你在杜克才有的體驗。[16]

美國的高等教育同一時間滙聚了各式各樣的競爭取向：研究重鎭、職業訓練中心、小聯盟的職業運動球隊、公民的培養者、商業中心、不動產開發商、當地主要的雇主、青春期延長（extended- adolescence）*的孩子們的日間托兒所。上述對高等教育的信念互相較量，營造了一個攪動的環境，讓隨機事件得以蓬勃發展。正如著名棒球員貝拉（Yogi Berra）所說：「如果你不知道要往哪走，就彎進去其他地方逛逛吧！」如果我們不清楚大學的核心目標，不論是個人或文化上的目標，我們就不清楚能帶領我們走向目標的是何種師生關係。

14 Gavillan College, "Career Technical Education."
15 Gavillan College, "Career Technical Education."
16 Duke University, "Culture of Champions.
＊ 編註：此概念由心理學家艾瑞克．艾瑞克森（Erik Erikson）首先提出，他稱為「心理社會延宕期」（psychosocial moratorium）。近年亦有研究顯示，青少年可能因為花更多時間做作業、更常使用電腦和智慧型手機，也更衣食無虞，導致心智年齡相較過往年代的同齡孩子來得更低。

CHAPTER

3

銅、銀、黃金，或白金

——你就讀的是銅級的社區學院、銀級的綜合州大、黃金級的菁英文理學院，或目標是統治世界的白金級常春藤盟校？

美國人認定凡是大學（不用特別指出哪所大學）的「大學學位」都有意義，這已深深織進了美國人的迷思，即使當他們面對社會階級的現實及其與高等教育階級組織的同流合污，也是積習難改……（帕克德〔Vance Packard〕）在《陌生人的國度》（*A Nation of Strangers*）中開心地寫到：「在一九四〇年，年齡在大學階段的年輕人，大約有13％真的去念了大學，到了一九七〇年，比例大約是43％。」實際上不是。比例依然是13％，其他30％只是進入一些名叫大學的地方。這些可憐的小孩與他們的父母只是表現出美國人對尊嚴及地位永無止境的追求，而不是知識。

——福塞爾（Paul Fussell），《階級》（*Class*）

福塞爾這個惹人厭的學者（哈佛大學博士，先後在康乃迪克學院〔Connecticut College〕歷史系、羅格斯〔Rutgers〕大學教書，最後落腳賓州大學〔Penn〕）在一九八〇年代初寫了上面那段話。此時此刻，已經過了三十五年，高中畢業直接進入大學就讀的比例提高到將近七成。高等教育的規模從福塞爾的書出版以來已然翻倍，但是基本事實並未跟著成長。直到最近，史丹佛大學教育學教授拉巴里（David Labaree）寫到美國高等教育的歷史時提到：

> ……階層化是美國教育的核心。這是我們廣開大學之門所要付出的代價。我們讓每個人有機會進大學，但是每個人得到的經驗不同，而且他們也從各自的經驗中獲得不同的社會利益。因此，高等教育體系不僅有濃濃的民粹主義，也有強烈的菁英主義色彩，讓普通人有更高的機會藉著教育出頭，但他們不大有可能出類拔萃，成為頂尖。[1]

不只我們，包括全美國人都很容易聚焦在一些公認的大學排行榜，也就是「我的學校比你的學校好」這類無意義的比較，因而每年都會有一本《美國新聞與世界報導》（*US News and World Report*）出版的年度大學排名，也造成人們在曲棍球比賽之後口角。但是我這章的重點不在於此，而是想要確認不同層級的學校對於大學的定義南轅北轍，對於大學的目的也有不同的看法。他們支持不同類型的學生帶著不同的特權與目標入學，而且他們也會聘用完全不同的老師來完成工作。

安楊（Jean Anyon）與隱性課程

每位學者都有他（她）的思想泉源（*ur*-sources），也就是改變他們想法，或為其開拓新視野的幾篇文章或幾本書。我的思想泉源中有一篇文章，就是最初在羅格斯大學任教，而後轉到紐約市立大學（City University of New York）任職的已故教育學者安楊所寫的〈社會階級與工作中的隱性課程〉（Social Class and the Hidden Curriculum of Work）。[2] 這篇精彩的文章不長。安楊與研究團隊在紐澤西北部的一個區，花時間觀察五所小學，記錄裡面五年級老師平常的言行，然後再記錄五年級學生的一舉一動。

這篇作品源於她對社會階級的興趣，因此她選擇的觀察對象橫跨不同階級。其中兩所是工人階級學校，學生家長做的是不大體面的工作：酒吧女服務生、鐵匠、警衛等。第三所學

1 Labaree, *A Perfect Mess*, p. 80.

2 Anyon, "Social Class."

校是中產階級，學生的家長是技術性工人：承包商、小店老闆、護理師、老師、消防員。第四所學校就是她口中「小康專業」（affluent professional）家庭的落腳之處，學生是律師、工程師、設計師與廣告從業人員的小孩。最後一所學校就是那金字塔頂端的百分之一：經理主管、公司顧問以及金融家的小孩就讀的學校。

研究發現令人震驚。不論是哪一所學校，校方都是以同樣的教材教導五年級學生類似的內容。但是在學校的日常生活中，她稱為「隱性課程」的內容就大不相同了。每一所學校都是訓練自己的學生走上父母的道路，學到的思考方式與行為舉止，反映出他們最終的社會階級與職業。

- 在工人階級的學校，不論上什麼課，主要的課程都是服從及遵守程序。照做，照抄，塡表格，畫畫著色。「坐下」、「安靜」、「你的書呢？」、「你爲什麼不坐好？」
- 在中產階級的學校，課程是學習或計算正確的答案。隨堂測驗，標點符號練習，記住答案，等到之後需要用到。「答對了」、「再唸一遍」、「查查看」。
- 在家長是專業人士的學校，課程是創意表達，有個別作業也有小組合作。設計頁面，想像整個過程，寫文章，塗壁畫。「好漂亮啊！」、「看看你旁邊的同學怎麼寫？」、「你現在對這段內容滿意嗎？」

- 在家長是經理主管的學校，上的課程是分析與策略。找出模式，發展工作計畫，發現缺點，並且有把握地報告自己的作品。「如果你不贊同，勇敢說出來。」、「伯里克里斯（Pericles）*在戰爭之後犯了哪些錯誤？」、「整個推敲一遍？」、「你在處理類似問題的時候優先次序爲何？」

每所學校的正式課程看到的都是同樣的科目：數學、社會研究、語言藝術與科學。但是背後的意圖卻各不相同，而且那些無法言說的訊息（關於一個聰明人的特質、個人與集體的成功、倡議、創意與判斷的好處）重要性都大於課程的內容。

大學就是從階層開始，然後再藉著篩選與授課（delivery）更進一步完善階層的傾斜度。如同安楊的分析，美國大學有幾種主要類型可共同教育大部分的美國大學生，每一所都有自己的教職員工。學生可以從所有學校的老師中選擇微積分課及作文課，但底下的潛在意圖及課程所帶來的日常經驗，卻達成截然不同的結果。

* 編註：雅典黃金時期具有重大影響力的領導人，被認為是推動雅典民主政策改革的人物。

滿足工人階級的便利與低價

「工人階級」的學校是指兩年制的社區學院，數量大約占全美大學的四分之一，占大學註冊人數的百分之四十。[3]其中許多人家裡都沒有人上過大學，52%的學生是家裡第一個選擇社區學院的人，父母至少有一個讀過大學的學生只占28%。[4]這些學生成長的過程中，家裡周遭沒有書籍或雜誌，家長不可能在三月排出一個星期的時間帶他們去各大學參觀，也沒有信心或意識自己要去大學裡找誰釐清對學校的錯誤認知。那些把小孩送去讀大學的家長，在學校就讀時可能都不大抬得起頭來，所以對於小孩讀大學這件事可能也是五味雜陳。

社區學院鮮少提供宿舍，它們主要是服務「社區」或是住在周邊通勤到校的學生。許多學齡期的學生住在家裡，他們的食宿都是結合正常家庭的日常生活。更多的是非典型的學生，像是已成家也在上班的大人。[5]社區學院裡有超過20%的女學生是單親媽媽。[6]所以社區學院學生半工半讀的比例遠遠超過其他類型的學校，學生必須要在已經很緊湊的行程表中再塞進學業。

社區學院具有各式各樣的任務：它們的目標是讓學生進入四年制的正常大學；職業與技術的訓練以便取得各行業的證書。觸角再往社區延伸，則是提供休閒（瑜珈、鋼琴）、社會

（英文作爲第二語言、育兒技巧）的課程。[7]社區學院讓你隨處都可以用便宜的價格選修微積分與心理學導論的課程，也可以讓你隨時都能接受焊接工、律師助理、麵包師傅的訓練，或是以遠低於任何運動俱樂部的會費上健身房運動。

由於這些工作與家庭纏身的成年學生有其他要務，或是經濟條件不佳，他們根本不可能到全國各地、甚至是附近的大學參觀比較，造成他們僅能就近選擇當地有限的學校。[8]因此，社區學院兩項最主要（與比較性）的優點就是價格與便利性。社區學院是最便宜的高等教育，普通生的全國平均學費大約是三千五百美元。[9]但是，爲了要做到「滿足學生隨時隨地的需要」，社區學院反而比那些四年制的競爭對手更能回應學生的需求。學校必須迅速投入當地就業的需要，同時也要跟各個四年制大學發展「銜接協議」（articulation agreements）或課程承認，以利它們的學生可以更簡單順利地轉學。他們必須支持一般生每

3 National Center for Education Statistics, "Total Undergraduate Fall Enrollment in Degree Granting Postsecondary Institutions."
4 Redford and Hoyer, *First-Generation and Continuing Generation College Students*.
5 Ma and Baum, "Trends in Community Colleges."
6 Kruvelis, Cruse, and Gault, "Single Mothers in College."
7 Center for Postsecondary Research, "2015 Update."
8 See Blagg and Chingos, Choice Deserts; Hllman and Weichman, *Education Deserts*.
9 College Board, "Average Published Undergraduate Charges."

學期選修四到五門課，也必須接受某些學生一次只能選一門課，或是有些學生要先休學一個學期去賺足下一年的學費。

社區學院還需要在不同的時段提供更多的課程，以配合學生五花八門的工作時間。波士頓的邦克丘社區學院（Bunker Hill Community College）就領先全美，率先開出大夜班的課程，於深夜十一點半到凌晨兩點半安排了一系列的共同必修課，讓白天上班的家長把小孩弄上床睡覺之後再來上課，或配合那些剛從星期五餐廳（TGI Fridays）下班的服務生。[10]每一所學院都面臨相同的壓力，必須把每週三門不同時段的課，壓縮到每個星期一次連上三堂，搞得大家都精疲力盡，甚至還有更大的壓力，是要把所有的課程上網，讓那些快累垮的學生可以從家裡或通勤上下班的公車上用智慧型手機完成。[11]

社區學院大部分都是「申請就上」，或根本不篩選學生。入學的學生有超過一半至少需要上一門補救課程，而且經常是一門以上。以全美社區學院最龐大的加州爲例，有將近八成的入學新生需要上補救教學，也因此減緩或阻止他們轉學或檢定的進度。[12]由於許多學生根本就毫無準備，他們自己或家人也沒有太多受過高等教育的經驗，因此學校有強烈動力藉由「按部就班」或嚴格限制選課順序把混亂與錯誤的開始方式減到最少，讓學生有清楚的軌跡可遵循。[13]（還記得安楊工人階級學校的五年級課程嗎？服從與程序。）指導，也就是簡單地遵循指示，使得學生按照課程表，走向預先安排好的目的地。

社區學院面對著像速食業一樣的需求，也就是要求低成本滿足經濟困頓的一群人，要求提供各種上課時間的便利，要求補救課程，以及校內有一大票學生無法融入更爲嚴肅的學術環境，這些要求導致一種如速食業的用人型態，也就是社區學院有將近四分之三的老師都是兼任。[14]這些兼任教師是薪水最低的老師，一門三學分的課，大約可以有兩千五百美元左右的鐘點費。[15]這些文化資本最少、學歷也最低的學生，只能靠著這些薪水最低、工作最不穩定的老師，而他們對學校開創各種作法來幫助努力的學生所知甚少，且毫無參與。

因此，社區學院的經驗對老師與學生來說，基本上因人而異，也因課程而有所不同。校園裡沒有太多的機會可以進行更廣泛的學院生活，困難的時候也沒有可靠的同學可以相互支持與鼓勵。每個人都是自由球員、獨立的製作人，又或者是學分與文憑的消費者，試著用自己的方式勉強找到經濟的保障。社區學院微積分先修課的講台上站的可能是位傑出的老師，

---

10 Chen, "Why Community College Students Are Taking Classes at Midnight."
11 我們從研究中學到我們早已從日常經驗中知道的事，也就是說一個禮拜碰一次面上三個小時的課，通常比多碰幾次面、每一次時間短一點的效果更差。請見：Cotti, Gordanier and Ozturk, "Class Meeting Frequency, Start Times, and Academic Performance."。
12 Rodriguez, Mejia, and Johnson, *Determining College Readiness*.
13 Mangan, "A Simpler Path."
14 National Center for Education Statistics, *Community Colleges*.
15 *Chronicle of Higher Education*, "Adjunct Salaries, 2-Year Public."

但是在她跨進課堂前的每一個轉折之處，她都走得異常艱辛，而且下課之後或是學期之間她和學生根本就沒有太深的互動。

我們看到了這些後果。社區學院的新生只有60%繼續留下來讀二年級。[16] 只有15%的學生最終可以拿到學士學歷。[17] 對於這15%的畢業生來說，社區學院提供了一個價值連城的起點，讓他們可以走向一個原先遙不可及的未來，重新開始的按鈕讓他們從家人的宿命之中走了出來。對於其他人以及學校的老師來說，他們對於自己獲得了什麼則是根本就無法確定，也不清楚自己到底要爲了這些便利付出哪些代價。

適所的通才與中產階級的學院

「中產階級」學院是州立的綜合型大學，例如散布在全國各地的中密西根（Central Michigans）、西德州農工（West Texas A&Ms）、以及加州州立大學溪口分校（Chico States）。這些學校源於技術學院與師範學校，爲了地方經濟訓練出技術工人。大部分的州都有一套清楚的大學排序體系，其中旗艦研究型大學明顯不同於那一些沒那麼「綜合」（comprehensive）且服務更多人的學校。有時，地區的綜合型大學是以一個獨立於研究型大學的學校網絡在運作：加州有研究型的加州大學（University of California）系統，還有一個完全不同的地方四年制大學加州州立大學（Cal State）系統，佛蒙特（Vermont）有佛蒙特大學（University of Vermont）跟佛蒙特州立學院（Vermont State Colleges）。他們名義上雖屬同一個系統，但是較差的學校很清楚，系統裡較好的名校根本就不把他們當一回事。例如有些人提到「北卡羅萊納大學」（University of North Carolina），指的是教堂山分校（Chapel Hill）而不是潘布魯克（Pembroke）分校，說到「威斯康辛大學」（University of Wisconsin）時是指麥迪遜分校（Madison），而非指普拉特維爾分校（Platteville）。

儘管如此，這些地區性學院與大學全是四年制，而且逐步開設碩士班，有時候甚至頒發博士學位，藉此爭取尊重，就像它們的學生一樣。持平而論，它們也朝研究所課程邁進，因爲知道大學的學歷愈來愈普遍，而且也作爲一種商業上的策略，想辦法從二〇〇五年之後快速增加的大學畢業生身上賺進鈔票。光是二〇一〇到二〇一五的五年之間，九十四所原本只有大學部的學院，紛紛開始辦碩士班，使得碩士班增加了約15%。[18] 以麻薩諸塞州爲例，所有的州立學院在二〇一〇年升格爲州立大學。二〇一五年，佛蒙特卡斯爾頓州立學院（Castleton State College）連「州立」都一併刪除，改名爲卡斯爾頓大學（Castleton

16 National Student Clearinghouse, "Snapshot Report: First-Year Persistence and Retention."
17 Jenkins and Fink,' Tracking Transfer."
18 Center for Postsecondary Research, 2015 *Update*.

University）。

這些學校服務的地理範圍更大一些，因此通常會有宿舍與餐廳，雖然許多人還是通勤上下課。當學校想要開拓新的財源，它們也會逐步招收其他州或是國際學生，這類學生的學費是本州居民的兩三倍。這些學校還是有不少傳統的學系，但是也致力於提供技職訓練，滿足許多家中第一位大學生與其家長的期待：護理與醫療衛生科學、運動訓練與運動科學、運動行政、刑事司法及餐旅管理。你可以帶著這些學位直接前往本地的醫院、滑雪度假村、會議旅館的人力資源部，或是到警察學校，使得你職業生涯的起步比其他入門者超前一些。

這些學校的專任教師大部分都有博士學位，或者是特定專業最高的碩士學歷（terminal master's degrees），例如企管碩士（MBA）、現代藝術碩士（MFA），而且學校會從全國各地招募老師。但是，校方依然非常依賴兼任教師負責教學。在只有大學部的公立學院，大約有62％是臨時教師，即使是有碩士學位的學校，兼任教師也占了56％。[19]此外，雖然像波士頓與舊金山等城市到處都是博士，但是位處於偏遠鄉鎮的區域型學校就比較難在當地找到擁有博士學位的人。大家公認的「合格教師」條件，通常也包含老師擁有的學位要高於授課對象的學生。因此，在只有大學部的學校裡，碩士學位的長聘或非長聘教師通常占了很大一部分。[20]而在鄉下的地區，碩士學歷對於當地居民來說也很少見，所以更低階的課程可能會由大學畢業或者是有專業經驗的兼任教師負責。只要課程內容的知識超過學生就符合基本資格。

我也在地區型的綜合大學初次遇到一種截然不同的兼任教師：有一大批已經在學校其他部門上班的職員。他們在學校裡扮演不同的角色：導師、運動防護員、圖書館員、網管人員、線上行銷主任。他們每學期上一門課，為自己的退休、度假、保姆費攢點外快，或是彌補前妻前夫沒付的贍養費。這些外快可以讓他們過個不一樣的聖誕節與生日。這些無形的兼任人口本來就是學校的行政人員，幾乎沒有任何人有博士學位，但是因為他們就在校內、也已經領著學校的薪水，所以特別容易差遣。

看一下任何一所普通州立大學的職員名錄，你就可以找到這些人，以下是附近一所學校的情況：

- 首席防護員，兼任教師
- 資訊工程師，兼任教師
- 會計主管，兼任教師

19 Hurlburt and McGarrah, *The Shifting Academic Workforce*.

20 請見：the Higher Learning Commission, "Determining Qualified Faculty."。

- 體能教練，兼任教師
- 身障服務規劃人員，兼任教師
- 副教務長，兼任教師
- 數位媒體主任，兼任教師
- 發展事務處主管，兼任教師

讓人想不到的是，這些地區性學校的另一群兼任教師，竟然就是校內的長聘制老師，尤其是一些沒有強烈研究企圖、教學密集的學校。許多社區學院與二流的四年制大學，偷偷依賴專任教師的「超鐘點」，也就是原本每學期應該教四門課的老師，實際上要上五或六門課，暑假還要再多上一些課，只為了領兼任的鐘點費賺點外快。這對於學生來說，至少勝過讓棒球教練來上課；這些老師瞭解課程的內容與整體性，表現就像個長聘的導師。但這依舊只是藉此彌補正職收入不足的第二份工作，這會分散老師的注意力，使得他們無法像招聘說明裡說得那樣專注於教學。

如果社區學院是打算讓他們的學生步向老師生活的後塵，像個單打獨鬥的人在苟延殘喘，那同樣地，州立綜合大學也是要讓自家的學生像學校的老師一樣，有個穩定工作讓他們付得起房貸、參加高爾夫俱樂部，而且每隔幾年可以買一台新的休旅車。它們打算要讓學生變成小地方所倚靠的通才，對於小地方來說，專家的幫助比不上那些能同時做好幾件事並身兼多職的人。[21] 在小城市裡，受過良好教育的人可以在市政府上班，週末的時候可以充當滑雪教練，偶爾還能在當地的學院教商業溝通；即使沒有太多經費做這些事，工作還是需要有人做，所以要有人站出來扛下責任。這就是中產階級學校的老師所扮演的角色，因此，中產階級學校的學生也是被訓練得跟老師一樣，無論就讀的科系爲何，都要身兼多職。

人文修道院

學生入學後的新生討論課只由長聘教師上課，每一門最多十二到十五名學生。基礎方法也只由長聘教師授課。另一方面，總整課程（capstone courses）往往也只會有十二到十五個學生。系上的核心課程也只開放給長聘教師，大部分的學業輔導與諮詢也是由老師來做，尤其是那些主修本系的學生。我們想要在師生之間建立緊密的指導關係，而這需要的是穩固的關係。

21　小城鎮的教育會走向通才，大城市的教育會走向專才，這方面的文獻最早可以追溯到一九六〇年代，巴克與甘普（Roger Barker and Paul Gump）在堪薩斯的研究寫成了《大學校，小學校》一書（*Big School, Smali School*, 1964），還發展出人員配置理論（staffing theory）的概念。

——莫拉（Maura），菁英文理學院的院長

「小康專業人士」子女就讀的學校是極為菁英的文理學院，也是國內一些獨一無二的院校，像是里德學院（Reed）、史密斯學院（Smith）與歐柏林學院（Oberlin）。那些開明的家庭把不受世俗約束的小孩送來這些學校，在這些校園裡，小孩決定自己要學什麼，把生活設計成天馬行空的創意、探索及個人意志的泉源。這些學校的學生可以掌控自己的課程與個人學習，試著表達個人獨特的知識及興趣，學生都是依據本身的能力被精挑細選進來，會帶給其他學生驚奇、歡樂及挑戰。

兼任教師在此則是相當少見，會被聘進來，是因為有老師請病假或研究休假，或者是被聘來上一些需求極少的專門課程，像是演奏雙簧管或表演音樂劇舞蹈。比方說，歐柏林學院有三百二十六位專任教師以及五十九位兼任教師。米德爾伯里學院（Middlebury Institute）的專兼任分別是三百一十四與五十六位；培思學院（Bates）是一百五十六與三十七位；里德學院是一百六十六與六位；戴維森學院（Davidson）是一百八十五與四位。[22]這些學校挑選老師不僅僅是因為他們的學識涵養，更重要的是他們引導不同世代的學生進行獨立與創意思考的能力。

我們把「指導關係」（mentorship）談得太過簡單，這遠遠超過教學的意義。真正的導

師是以學生做得到的方式來展示出文化的樂趣和豐富性。老師引領學生跨進新社群、新生活，並且連結各種關係，讓學生有各種可能性。愈來愈多探討高等教育的研究明確指出，師生之間密切的關係影響深遠。[23] 我們畢竟是人，不能只是生產與消費的個體。我們在不同的時刻，有可能充滿熱情也可能垂頭喪氣，有可能積極渴望也可能猶豫不決。我們需要知道有其他人在背後支持、有人跟我們一起慶祝、有人會督促我們向前走，並且在他們的推動下我們會走得比自己以爲能辦到的更遠。

社會支持的責任不僅落在老師身上。菁英文理學院幾乎都是全校住宿，學生從起床到睡覺，二十四小時都生活在一起，免去世俗責任的紛擾。他們像僧侶般一起度過奉獻的儀式。每一位在二〇一九年九月入學的新生都要帶著資料在校門口集合，宣誓自己成爲二〇二三年畢業的一員；他們會一起參與一場期限已知、但創意超乎想像的互動課程，而且有超過九成的新生會通過考驗。

他們可以熬過這段歷程的原因之一在於大部分學生的家庭可以在經濟上與情感上給予支持。這些學生主要來自於優渥穩定的家庭，他們很清楚自己可以放膽冒險，凡事可以逢凶化

22 所有教師的數字算自：National Center for Education Statistics, "College Navigator, Fall 2016"。

23 對此的討論，請參考：Supiano, "Relationships Are Central to the Student Experience."。

吉。他們暑假可以到一家著名的雜誌社當沒有薪水的實習生，不用去幫人油漆房子賺錢。他們可以主修物理而不是機械，選擇文學而不是數位行銷，選擇舞蹈而不是運動防護。他們可以因爲發現了某些更熱愛的新興趣後轉系，不用擔心自己的家人會認爲他半途而廢。他們不是來學一門手藝，而是學習分析的技巧、熱情與創意，他們學的是可以讓他們帶著信心轉換跑道的技能。他們未來會成爲領袖而不是工人，學校裡穩定的專任教師會支持他們努力下去。

菁英學校的花費、篩選機制以及古怪的課程，使得他們不大接受轉學生，我們很快就會看到這與學生周邊的大人都比較穩定不無關係。這是一種獨特且專業化的生態體系，恰如野生動物在馬達加斯加（Madagascar）會走上一條特別的演化之路。

順帶一提，這些情況在眾多小型私立學院就未必適用，許多私立學院都更接近中產階級就讀的州立綜合型大學，包括他們的起源都是區域型的職業學校（大部分的職業都是牧師或是教會的保姆），也逐漸提供碩士與就業型的學位，而且非常依賴兼任教師。菁英文理學院有四個共同特色：全心全意辦好大學部，可觀的捐助提供額外的收入，入學過程相當競爭，專任教師占80%以上。

宇宙的主宰

我們大部分的新聘建築師都是來自兩種學校，州立技術學院與一流的研究型大學。州立學院的新人，我可以讓他們馬上工作，他們在一週之內就可以上手。一流大學的新人則需要多一點技術訓練。但是五年之後，一流大學的畢業生已經是計畫經理，而州立學院的學生還是在後面廠房做些生產性的工作。

——奧利薇雅（Olivia），建築師

拿出一所菁英文理學院，再加上醫學院、法學院、商學院、藥學實驗室、粒子加速器（particle accelerator）、一些大聯盟的運動商標，然後一筆數十億的捐贈。記得把蓋子轉緊，如此一來內部壓力就會增加。還要確定每個人都知道外界的期待有多高，凡是未達完美的就等於失敗。

歡迎進入這台機器。

這些「經理人」學校是美國研究色彩最濃的院校，提供的學位從學士到博士，應有盡有，而且研究生的人數經常是大學部學生的兩倍。這是一間絕無僅有的俱樂部，首先是常春藤盟校（Ivy League）的傳統校園與代代相傳的資產：布朗大學（Brown）、哥倫比亞大學、康乃爾大學（Cornell）、達特茅斯大學（Dartmouth）、哈佛大學、賓州大學、普林斯頓大學（Princeton）與耶魯大學（Yale）。接下來是幾家重要的私立研究型大學：紐約大學（NYU）、杜克大學、芝加哥大學（Chicago）、史丹佛大學、麻省理工學院（MIT）、約翰霍普金斯大學（Johns Hopkins）、加州理工學院（Caltech）、南加大（USC）等。最後就是最重視研究（也最重視美式足球）的州立重點大學：俄亥俄州立大學、密西根大學、明尼蘇達州立大學（Minnesota）、北卡羅萊納大學（UNC）、加州大學柏克萊分校（UC Berkeley）、加州大學洛杉磯分校（UCLA）、威斯康辛大學（Wisconsin）、賓州州立大學（Penn State）、喬治亞理工學院（Georgia Tech）以及華盛頓大學（Washington）。[24]總共有一百一十五所。

這些學校的目標是讓學生未來走向全美與全球。校內不會有室內設計與運動管理等學系。大部分也不會有技術職業的學程，像是航空科技與社會工作。這些大學並不是訓練學生去工作謀生，而是訓練他們的學生領導世界。

全校的各種入學競爭都極爲激烈，學生錄取的機會可能會因爲傑出的運動表現可以讓支持者興高采烈而大增；學生延續家族親人的傳統繼續讀母校*1也可以讓有錢的捐贈者開心；又或者是因爲校友資源發展辦公室（advancement office）*2發現學生家裡的財富未來有可能帶來捐款。

經理人大學將學生們與來自全國或世界各地的同事們齊聚一堂，百裡挑一的菁英跨越地理疆界、匯聚於此的同時，也學會如何探索全球的多元性。無窮無盡的資源任憑他們使用（他們大多數人進入大學之前的生活也是如此），他們學會如何使用最精細的工具與最細緻的想法去做出一番偉大事業。

這裡的情況和菁英文理學院一樣，成功屬於集體，而非個人。家庭的支持與穩定的老師也是整個社群努力很重要的一環，但是這些高能力（high-powered）的學校之所以有力的原因之一在於，各校的校友都會努力尋找學校或其他校友的聯繫，提供畢業生進入金融、科學、公部門與文化事務的入口，使他們得以有更好的前途。

每間學校培養學生走進合適的生活圈，找到符合其出身背景的工作伙伴、友誼以及另一

---

24 這些學校的技術性說法，在卡內基高等教育分類系統（Carnegie Classification System）是Research 1 Universities或“Doctoral University, Highest Research Activity”你可以透過以下網址查詢「基本分類」（basic classification）：http://carnegieclassificationsiu.edu/。高等教育圈的任何人對於R 1的反應都跟我列出來的學校一樣。

*1 編註：過去很多美國大學有項傳統，如果大學申請者的直系親屬如父母兄姊也念過同所學校，便可能優先考慮申請者的入學資格。原因在於，校方認為這顯示出學生家族對於該校的高度認同，而認同往往暗示捐款支持的可能性。然而這項傳統已逐年受到挑戰，基於可能造成歧視、不公平等結果，某些大學已廢除這項作法。

*2 編註：英美大學中專責校友捐贈與校友公關活動的部門。

半。耶魯大學的學生未來將自詡爲宇宙的主宰，經營經紀公司（brokerages）或掌管聯邦政府，並生出比他們自己更有權有勢的下一代。他們需要在二十歲的時候開始經營人脈，以便在十五年後有能力擘劃一場併購案或提出一項法案；他們需要開始約會交往、揀選結婚對象，讓另一半爲自己還有兩人的小孩擴大人脈。他們也需要加入校友圈，讓已經在各領域占據一片天的學長姊來提拔他們。那些就讀中產階級學校的人也同樣需要人脈，但無論是交友對象或朋友圈大小都完全不是同一碼事。他們需要認識的是最終在當地醫院或學區的人力資源部門上班的人脈，而且他們也需要找來一群人，發起一場慈善募款會，或支持國會議員的參選人。每個人都需要有個專業或社交性質的人脈，大學的分類機制基本上決定了學校的學生有辦法走進哪個圈子。

以菁英大學爲例，到處都是頂著博士學位的長聘教師，而且學校深知很多老師必須面對研究壓力，所以會減輕他們的教學負擔。一學期兩門課算是常態，而那些研究表現傑出且成功拿到研究補助的學者，每學期就是一門課，甚至不用上課。教學的負擔愈輕，也就愈少在校園裡與大學部學生碰面，因爲他們專精的知識將會集中在他們專業科系裡的研究生。這也是師生比對於瞭解大學體驗毫無幫助的另一個原因。研究型大學有一大堆長聘教師，降低表面上的師生比，但卻無法減少班級人數或是見不到老師的情況，因爲他們不會花太多時間在大學部的課堂教學。

不過，有大批的長聘教師並不表示他們沒有任何約聘教師，只是他們的約聘老師看起來不一樣。比方說，這些學校是博士後教師生活的地方，他們完全符合資格，只不過並非專任學者，而是被找來負責幾年的教學，或是協助發展一些核心課程領域，例如大一寫作課、少數民族自然課（minorities-in-science program）、跨學科數學學程（math-across-the-curriculum program）。當然，由於研究生產力所需，這些學校也會領到可觀的研究補助用來聘請博士後研究員。

但是，這些學校裡最大的一群兼任教師根本就不算是學校老師，他們的身分是研究生，在自己的研究領域攻讀博士學位。作爲實現他們理想教書生活的一部分訓練，研究生助教（助教這詞是個誤導，因爲他們通常不會協助任何人，只是在最少監督下獨立授課）每個學期教一門課，往往是導論性質的課程，有助於讓他們在主修領域獲得豐富的知識。當研究生學著成爲學者的時候，他們備課教書的過程就相當於他們在上另一門課，一如大部分的博士班進階課程，幾乎無人帶領。而且如果他們多留意，就會清楚自己的成功取決於研究品質。正如博士班的指導教授一般，教書只是次要任務，只要在搜尋工作與研究補助之餘，盡可能有效率地完成它即可。

意圖不同，結果不同

以上就是高等教育基本的四種生態體系，每一種都有其獨有的師生互動關係。討論約聘教師的問題，亦即「兼任危機」時，無法將其視為高等教育中所有生物區都有發生的統一現象。約聘教師的人數與角色在不同類型的學校會天差地遠，如表2呈現。

約聘全面衝擊高等教育，但是有些學校受到的影響更勝於其他學校。這一點跟我們這個財富分殊的社會雷同，最需要幫助的學生得到最少，而好處都只是拿去幫已經擁有的人錦上添花。

高等教育中搖旗吶喊的人不少，有的來自學術界，有的是推動勞動力發展的議員，有的是鼓勵追求高學歷的智庫，他們仰仗的是一個常見的說法：**有大學學歷的人一生賺的錢比沒有大學學歷的人還要高。**

但是福塞爾可能會說，「等等，不對啊。」全部結果摻雜一塊，掩蓋了每個人實際情況的巨大差異。一名家世背景不錯的學生取得哥倫比亞大學公共政策的學位並留在紐約市，比起一個低所得家庭的學生從弗里斯州立大學（Ferris State University）並留在密西根州的大急流城（Big Rapids），兩個人的薪水完全不同。全國大學畢業生的平均起薪大約是五萬美

表2

類型	工人階級	中產階級	小康專業人士	經理人
學校類型	社區學院、職業學校	州立綜合大學、知名度較低的文理學院	菁英文理學院	招牌州立大學、私立研究型大學
學生篩選	完全開放	稍微篩選	根據考試成績與創意嚴格挑選	根據學校成績、考試分數與家世背景非常嚴格地挑選
捐贈	不多，對學校日常營運助益不大	數百萬，大部分用在獎助金	數億，大部分用在獎助金與精緻的文明生活	幾十億；學校營運很重要的一部分
學費	低或很低	公立學校州民相對較低；外州居民與私立學校相對較高	高或非常高	公立學校的話，州民相對較高，外州居民與私立學校則是很高到非常高
轉學生	常有	許多	很少	公立學校不多，私立學校則是幾乎沒有
約聘教師	占絕對多數	超過五成	少數，有時候比例非常低	少數，大部分的是研究生，還有教通識課的講師

元，但是個別的情況可能差異懸殊。

高等教育的領袖與政策制訂者好整以暇且熱切地談著「大學薪資紅利」（college wage premium），意指大學學歷可以在學生畢業後明顯推高學生的收入，而且可以在畢業十年或二十年後，提供收入大幅增長的機會。但是，這個說法從大眾情況來看是錯誤的。讓你有一份好工作的並非大學，大學畢業生的平均薪資三十年來相對平穩。正確的說法應該是，**沒有大學學歷**會讓你掉入一份很糟糕的工作，或是根本就找不到工作。大學已經成為不可或缺的就業保證，能夠從分級保障的公開市場上買入，等級從銅級的社區學院到白金級的常春藤盟校皆有。

比起政策制訂者與大學領導者，學生與家長更瞭解事情的真相：近幾十年來，中學學歷者可以選擇的高薪工作快速減少，[25]其中有一部分原因是大學畢業生太多，所以大學生被迫做一些過去由高中畢業生做的事。[26]大學薪資紅利更準確的說法是「大學薪資防護」（college wage defense），文憑就像是在狂風巨浪裡的一艘救生筏。想當然爾，每個人都想要一張文憑，否則生命就會受到威脅。[27]

但是如果每個人都可以打大聯盟，比賽看起來就沒那麼有趣。同樣地，當全美國七成的高中生畢業之後都上了大學，許多大學課堂教起來就沒有太多樂趣。在那些無須篩選的學校，利用課餘時間教導八年級的閱讀技巧，或是針對可能中途退學的一二年級學生上基礎課，都是交給臨時教師來教。針對精挑細選的優秀學生而開的有趣課程……那是長聘教師的囊中物。

---

25 Carnevale, Jayasundera, and Gulish, *America's Divided Recovery*.

26 Burning Glass Technologies, "Moving the Goalposts"; Goodman and Soble, "Global Economy's Stubborn Reality"。這種現象也擴散到有大學學歷的人以外，例如研究所學歷是比他們過去「更沒有價值」，請見：Green and Zhu, "Overqualification."。

27 Perhaps literally life-threatening: see Brown and Fischer, "A Dying Town."

CHAPTER

4

打造一支臨時勞動大軍

——無論你是金銀銅還是白金，所有博士都在搶同一個飯碗

多數大學生並未意識到能夠提供穩定、福利與維生工資的人文學科工作正在不斷減少（雖然比起其他同樣需要多年訓練的領域，薪水普遍低很多）。他們不會知道自己可能要接受任何的工作地點，也必須經歷六年的試用期且最終可能因為任何原因而遭到開除，並發現自己被專業所放逐。他們似乎認為成為一位人文學科的教授是份穩定的工作，比起努力成為一名自由作家、演員或職業運動員，是一個更負責任也更可靠的選擇，因此他們根本沒想過任何退路，知道時已經為時已晚。

——威廉・潘納巴克（William Pannapacker），〈人文學科研究所：千萬別讀〉[1]

因為我丈夫是個醫生，對於學術工作市場毫無所知。他的困惑像是：「你用盡全心

1　Benton, "Graduate School in the Humanities: Just Don't Go."

全意準備，但是完成之後卻無法保證有工作？」當我跟他說明之後他信了，但是並不完全瞭解。

——海倫（Helen），曾經當過兼任教師的博士生

兼任教師是爛到底的工作。薪水很低、沒有福利、毫無保障，缺乏任何知識上的自由。這麼爛爲何還有人肯做？到底從哪裡找來這些奴隸爲老闆賣命呢？

充斥市場

我太太（紐約市立大學〔CUNY〕一九八二年畢業的環境心理學博士）最近收到一封由母校的心理學系「現任執行長」（這個非學術的職銜充分說明學校的價值觀）寫給校友的募款信，裡頭興高采烈地說到系上的排名，並請大家捐款。除了吹噓學校剛從各個由字母組合而成的聯邦科學機構（衛生研究院〔NIH〕、國家科學基金〔NSF〕、國家兒童健康與發展研究所〔NICHD〕）得到兩千五百萬美元的補助之外，也說到以下亮點：

過去五年（二〇一二—二〇一六年），我們培養了三百三十七個博士，其中許多人

收到信的時候都已經是校友！恭喜你們，也希望你們的職業生涯都有好的開始。

好吧，首先，就像俗話說的那樣，信裡頭的「希望」實在不算個辦法。心理學系實際上**有做**任何事情以確保自己的博士畢業生有個好的開始嗎？可能不多吧。但是，造成情況惡化的原因就只是原始數據。這個還算不錯的系，根據國家科學研究委員會（National Research Council）的排名，大約在全國一百八十五個心理學博士班的中間，每一年平均培養將近七十個新科博士？但是全國的就業市場每年只新聘幾百個長聘教師？所以他們到底在**驕傲**什麼？這就像訓練羅馬競技場上的勇士準備送去餵獅。這一切就如身兼教師與評論家的伯斯奎特（Marc Bousquest）所說，博士學位現在應該理解爲一個人學術生涯的**盡頭**，而新科博士則是被視如糞土，在他們領著低薪做研究還一邊擔任教師的功能已經耗盡之後，便遭到拋棄。[2]

國家科學基金的博士學位調查（Survey of Earned Doctorates）顯示，二〇一四年，共有三千七百六十五個心理學博士畢業。這些人進入求職市場，而《高等教育記事報》的工作追蹤研究計畫預估，二〇一三至二〇一四年學年間，四年制的大學裡面總共大約有三百二十六

2　Bousquet, *How the University Works.*

個長聘教師職位，也就是說，每一個教師職缺大約會有十一．五個新科博士在競爭。

但是，研究生成爲便宜的師資與廉價的實驗室助理，使得在全國排名四十四的博士班浮出檯面，讓系上的主任有辦法送出募款信，然後老師可以帶著所有研究生的勞力去爭奪研究補助。誠然，這就和發薪日借款（payday lending）的運作如出一轍：有錢的人藉此從那些可憐的人身上搜刮更多的錢，卻讓他們在阮囊羞澀的時候流浪街頭。這也有如遷徙者的故事，奮力向上爬和竭力奮鬥的人因爲找不到進入俱樂部所需的大門密碼而希望落空。

一九六〇年，美國大學各個領域總共有九千七百三十三位新科博士。到了一九七五年，隨著戰後嬰兒潮跨越博士之門，人數達到三萬兩千九百五十二人。二〇一五年，新科博士又成長到五萬五千零六人。[3]五萬五千人擠到一個一年可能只接受兩千人的池子裡，[4]然後再和前一年找不到工作的人一起競爭。年復一年，永無止境。這是個醜陋的求職市場，人數快速膨脹，使得情況一發不可收拾。

只不過有些人還是找到工作了。有些人贏得了樂透，這也是剩下的人還願意在超商排隊投注的原因。所以，到底是什麼把那些作威作福的野狼跟數量太多、飢腸轆轆的小狼劃分開來？一名新的學者如何讓自己在眾多流浪博士之中引人注意？

從第三層開始

國家科學研究委員會一直在對博士班做大規模的聲望調查，試著把全美所有領域的博士班排個先後。[5]調查用的方法論非常複雜，看起來也合情合理，但是在我們討論他們的研究發現之前，可以先想想他們挖出來的整個規模到底有多大，在大約兩百一十所學校之中，總共有超過四千八百個不同的博士班：

3 National Science Foundation, *Survey of Earned Doctorates.*

4 這顯然是概算的數字。根據國家教育統計中心（National Center for Education Statistics）〈大專院校教師人數〉（Number of Faculty in Degree-Granting Postsecondary Institutions）的資料顯示，「專任」教師（請記得我們之前對此的定義）從二〇〇三年以來，大約每兩年增加三萬人，其中大約有一半是非長聘教師，也就是說，每兩年增加一萬五千名專任教師。但這是增加的總人數，亦即我們必須加上一些取代退休的新血，因為這並不會增加人數。另一個思考的方式是根據機械領域所作的研究，研究顯示每一位教授一生大概會培養七．八個新科博士，這遠遠超出一對一的汰換與整體的成長，請見：Larson, Ghafarzadegan and Xue, "Too Many PhD Graduates"。你也可以逐漸知道為什麼這如此複雜，所以沒有人要去追蹤數據，也因為看起來很令人失望，所以沒人想要去做，見：June, "Why Colleges Still Scarcely Track PhDs"。

5 National Research Council, *A Data-Based Assessment of Research-Doctorate Pro-grams in the United States.*

- 農業科學（各個種類）；三百一十七個博士班
- 生物科學：九百八十九個
- 健康科學：一百八十九個
- 物理科學（包含數學）：九百一十六個
- 工程：七百九十八個
- 社會科學：九百三十個
- 人文學科：八百六十六個

從數量驚人的博士班能發現什麼，或許就如你所預期：同一個領域對於各系而做的同儕排名（peer ranking）並不是同一回事。有些博士班一直被視爲是該領域的佼佼者，而有些博士班則是無人知曉，除非有人直接提到它們的存在。這和大學部的情況一樣，從菁英大學的博士班畢業之後，履歷比一些普通大學的博士更有份量。這當然無法保證你就會有一個穩定的長聘教師工作，但是當有人仔細察看申請文件時，名校畢業的申請者（幾百人爭一個工作）肯定更有可能進第二輪。

博士聲望的排名和學校的整體排名差不多（但不一定完全雷同）。不是每一所常春藤名校都是攻讀哲學博士的絕佳地點，所以你寧可選擇史丹佛、密西根或紐約大學，而不是耶魯

表3　頂尖中的頂尖

學科	排名前十博士班
美國研究	Yale, NYU, SUNY Buffalo, Indiana, Minnesota, William and Mary, Maryland, Michigan State, New Mexico, Kansas
人類學	Harvard, Penn State, Michigan, Arizona, Berkeley, Duke, UCLA, UC-Irvine, Chicago, Emory
生物化學	Stanford, Wisconsin, Brandeis, Washington, Wash U (St. Louis), Duke, Vanderbilt, Rutgers, SUNY Rochester, Case Western Reserve
化工	Caltech, Texas, Berkeley, MIT, UC- Santa Barbara, Minnesota, Princeton, Michigan, Stanford, Wisconsin
經濟	Harvard, MIT, Chicago, Princeton, Berkeley, NYU, Stanford, Penn, Yale, Northwestern
歷史	Princeton, Harvard, Chicago, Johns Hopkins, Columbia, Stanford, NYU, Penn, Berkeley, North Carolina
語言學	Penn, Chicago, Maryland, Stanford, Berkeley, Massachusetts, Northwestern, Ohio State, MIT, USC
數學	Princeton, NYU, Berkeley, Stanford, Harvard, Michigan, MIT, Penn State, Wisconsin, Caltech
哲學	Chicago, Princeton, Rutgers, Michigan, Berkeley, NYU, MIT, Stanford, Carnegie Mellon, Pittsburgh
社會學	Princeton, Harvard, Penn, Michigan, Columbia, Texas, North Carolina, Duke, Stanford, Chicago
動物學	Wisconsin, Washington, Oregon State, Miami, Washington State, Michigan State, North Carolina State, Hawaii, Florida, Oklahoma

資料來源：國家科學研究委員會，〈研究型博士班的評鑑〉（Data- Based Assessment of Research- Doctorate Programs）。

大學或康乃爾大學。但是整體而言，菁英學校以研究為主的科系看起來都是最有聲望的，它們也可以將這份聲望帶給它們培養的博士畢業生。[6]不過這**絕對不**代表它們的畢業生會是更好的老師；事實上，由於他們受的訓練都是要成為一流的研究人員，也要以研究能力分高下，因此他們學習課堂授課技巧的時間，只怕遠不如其他從一般大學拿到學位的老師。但是在聘人的時候，名校光環依然落在那些以研究為主的系所。

上頁表3就以一些學科為例，呈現每個學科博士班排名前十的情況。[7]快速掃過名單你就會看到一些意料中的校名：耶魯、紐約大學、哈佛、密西根、史丹佛、芝加哥、杜克。[8]不過個別學科裡的特殊情況則是有一些你完全想不到能擠進前十的學校，而它們是特定知識領域的領頭羊：紐約州立大學水牛城分校（Buffalo）、威廉與瑪莉學院（William and Mary）、新墨西哥大學（New Mexico）的美國研究，生物化學領域的布蘭迪斯大學（Brandeis），俄勒岡州立大學（Oregon State）與夏威夷大學（Hawaii）的動物學。外行人（包括大多數考慮讀研究所的大學生）不見得知道這些，但是內行人會知道。

隨著有博士頭銜的人供給過剩，現在不僅僅是普通大學的博士會在普通大學找教書工作，連這些普通大學也收到許多名校畢業的博士來申請教職，因為他們已經沒辦法全部進入一流大學教書。所以從名校到州立綜合型大學，全都在挑選從名校畢業的博士，而不只是從優秀學校的博士來挑。我知道最近有一位剛受聘進入一所非頂尖大學生物系的年輕助理教授，她取得學位的博士班排名前5%，而且她在國家衛生研究院（National Institutes of Health）做了多年博士後。這顯然是訓練與就業毫不匹配的例子，有鑑於她讀的是菁英學校、進入的是一流實驗室，所以在學校教生態與演化的導論課看來應該是會讓她苦悶很長一段時間。她的新學校需要花大錢打造研究設備，好讓她保有熱情與學術產量，帶領學校脫離核心的大學部教學任務。（再過十年，她可能會有自己的博士班。）

何謂二流的博士班呢？以下舉幾個例子，但我就不點出校名了：

- 有一所公立大學，十一個博士班的排名全部都不在該領域的前50%，其中七個甚至都落在該領域的最後25%。
- 有一所公立大學，全校十七個博士班都不在所屬領域的前50%，其中十三個都落在後25%。

---

6 對此文獻的整理，請見：Piper and Wellmon, "How the Academic Elite Reproduces Itself"; Wellmon and Piper, "Publication, Power, and Patron-age."。

7 這份排行前十的名單是我自己針對它們更細緻的研究整理而來，研究的作者非常小心地不做任何排名，只是說明同行之間對於彼此課程的看法。但我不需要想得如此周到。

8 當然，這只是美國的情況。全世界有許多很棒的研究型大學，許多學校培養出來的博士都進入了美國的就業市場。比方說，牛津大學的數學博士就相當於紐約大學或加州大學柏克萊分校的博士。

● 有一所私立學校，全校十四個博士班只有一個排在所屬領域的前半段，其中十一個落在最後25%。

這些學校到底有何賣點？要賣給誰？它們的學生內心覺得自己買到什麼了嗎？

這些博士班之所以存在，絕不僅是因爲能給這些研究生消費者帶來好處，更多是因爲它們可以給學校與長聘教師帶來福利。博士班讓大學有更好的機會吸引到研究資助，有助於博得聲望，看著學校在卡內基大學分類（Carnegie Classification）裡頭從只有碩士班的學校升爲頒發博士學位的學校，也可以讓老師以指導研究生的責任加重爲由而要求減少教學負擔，還提供了一批教學與研究大軍，而他們的工作酬勞只不過是減免學費。

如果學校想要學生入學，大多數的學校根本就無意向未來的學生提到上述眞相。但是關鍵在於搞清楚學校光有博士班並不表示頒發的博士學位將有同樣的價值。教師聘任委員會將會從三個角度解讀所有的博士學位：「我從（××學校的××系）取得（××）領域的博士學位，由（×××擔任指導教授）。」任何一個教師的工作機會取決於上述三個元素，重要性遠超過他們畢業時的學業成績GPA。[9]

發育不良的混種

博士產量增加的另一個缺點是培養跨領域博士的系所增多，而求職市場上找不到聘用該學科的對應領域。隨著學者年紀愈來愈大，他們常常發現自己的知識興趣已經跨越單一學科的邊界。這帶來了混種的博士班：橫跨社會科學與建築（例如我自己攻讀的環境行爲），歷史與工程（科學與技術史）、外語、人類學加上政治學（例如亞洲研究）等等。一旦經費或者是說服力夠了，他們也就變成一個可以招生的博士班。這些博士班很吸引人，也促使我們以重要的新方法理解身邊的現象，但是這就像混雜交配可能對父母來說很有趣，但是他們生下來的混種後代最終會發育不良。馬可以在自己的馬槽裡安然無恙，驢子也在自己的驢舍過得很好，但是牠們交配生下來的騾子（比喻研究生）就有很多很多苦力活兒要做，而且在任何一群有生產力的伙伴之間，他們都絕不會受到接納。只要大學的教師招聘一直由各系處理，情況就永遠不會改變。混血兒會被拋開，絕對不可能成爲純種的一員，而且也無法發展

9　針對聲望力的研究，請參考：Clauset, Arbesman, and Larremore, "Systematic Inequality and Hierarchy in Faculty Hiring Networks"; Amir and Knauf, "Ranking Economics Departments Worldwide on the Basis of PhD Placement"; and Claypool et.al, "Determinants of Salary Dispersion."。

成爲一種能夠養育的新品種。但是，他們在拉學術馬車的時候相當管用，在體力耗盡、倒在路邊死去之前，可以把學術的探索往前推個幾英哩。[10]

跨領域是保留給那些在學院牆內已經站穩腳步者的特權。二〇一四年，研究生教育第十八屆全球年度高峰會（Eighth Annual Global Summit on Graduate Education）發表一份聲明，支持跨領域的研究生教育，甚至建議大學「在決定終身聘用與升等的過程中，應該重視跨領域的指導與研究」。但是，這一連串的原則卻對於聘人過程隻字未提，任由新進學者自我辯護。[11]有評論說過：「跨領域其實是一個警訊。它向系所主管顯示你未必適合他們的系，而科系的身分在預算吃緊的年代非常關鍵。我們是想要在聘用你之後才眞的要你學會跨領域，而不是聘用你之前你就已經跨領域。」[12]

面對博士滿街走的情況，一直都有人在討論限制每一年取得博士學位的人數，大部分的說法都是降低進入博士班的人數（再次把責任推給學生個人或將來的學生）。爲什麼我們不談談學校的責任呢？我們明知只有少數人有機會可以拿到當老師的門票，爲什麼卻還有四千八百個系所設有博士班？[13]爲什麼四千八百個博士班有數萬名老師可以指導博士論文，卻只有一小部分人願意或有能力用心培養學生跨入學術圈呢？我們不是應該要求每個系還有每位指導教授，每隔幾年就公布自己博士生畢業後的情況，讓那些毫無成就與混種的系所與指導教授消失嗎？

從出生就要全神貫注：三十歲開始的年齡歧視

許多大學的資深教授過去都是趕上了一個博士缺乏的時代，當時大學的數量及規模成長的速度都勝過合格教師的供應速度。即使下一代發現進入的門檻提高，老人依然保有工作且跨步向前。順帶一提，這種情況在許多專業領域都是如此。聖路易州聯邦銀行（Federal Reserve Bank of St. Louis）最近的研究發現，過去十五年來，年紀比較大且有工作的工人裡面，大多數依然有工作，但是準備進入市場的年輕工人則是非常難以跨進那道門。[14]至於高等教育，因為年邁的教師不打算退休，所以障礙甚至更為龐大。

---

10 有聘用教師經驗的人曾經對此做了大量的評論，請見：Cawley, "Job -Market Mentor," and Kelsky, "The Professor Is In."。

11 Council of Graduate Schools, "University Leaders Issue Statement on Interdisciplinarity in Graduate Education and Research."

12 Raschke, "There Are No Jobs."

13 不僅博士學位是如此，其他最終學歷（terminal degrees）就有資格在大學教書的學位也是。比方說，西蒙（Simon）的〈為什麼作家會討厭現代藝術碩士〉（Why Writers Love to Hate the M.FA）這篇文章就說，每一年有三到四千名創作類的現代藝術碩士，但是二〇一四到一五這個學年度，卻只有一百一十二個創意寫作的長聘教師缺。

14 Emmons, "Older Workers Account for All Net Job Growth since 2000."

這不僅僅是幼稚，或許還有我們這個在六〇年代末智性上已臻成熟的世代身上都有的感性（sensibility），使得我們在選擇專業時沒有任何深刻反省……

——約翰・克姆羅斯（John Komlos）[15]

教師生涯發展走隨意路線在一九六〇年代末或許還活得下來，後頭我們會再討論讓此事得以實現的戰後嬰兒潮。但是現在，整個大學生態已經是人數過多，成爲一名大學老師跟變成一個頂尖運動員並無二致：從年紀很小的時候就要在知識與邏輯方面全神貫注。任何人如果像克姆羅斯說的那樣以漫不經心的方式踏上此路，他就非常有可能像計程車司機開上印第安納波利斯五〇〇（Indianapolis 500）賽道一樣，馬上會撞得粉身碎骨。

對了，還有克姆羅斯刻意不提自己拿的是芝加哥大學（University of Chicago）歷史學的碩博士學位，芝加哥大學不論在當時或現在都是歷史學排名前五的研究型大學，而且他的指導教授還是諾貝爾經濟學獎得主羅伯特・福格爾（Robert Fogel）。不，他只是偶然開始了這條路。

我訪談的許多兼任教師都表示他們很晚才跨進所屬的領域（我也是一樣）：

我大學讀的是國際關係，心想自己會跟隨父親之路進入政府工作。但我決定放棄這條路，讀了英語碩士，然後拿了博士。

我的（碩士）指導教授要我繼續走學術。「你會教書、也有發表，你真的很適合……」。這讓我有點難以自拔。

我一直想要當個老師。我曾經在高中、大學與研究所教過書；這已經是我身分的一部分。我並不想要當教授，我不知道教授的內涵，也不知道教授要扮演的角色。但是我的大學指導老師說，你曾經想過要成為一個教授嗎？現在想起來有點好笑，喝杯咖啡聊個天就改變了我的人生。我知道自己喜歡思考，喜歡跟人討論問題，但是成為教授就像是變成一個外星人。

我的父母都是醫生（博士）*。我的父親是統計學博士，母親是醫生，外科醫生。他們覺得我應該讀金融，然後到銀行上班，我拿了財管碩士，然後又取得藝術史博士。

我過去一直想投入藝術，但是家人實在不怎麼贊成，所以我就繼續讀了政治學，希望從事外交工作。但是他們從我進大學到研究所這段時間都沒聘人，所以我決定來個大轉彎，做一些我所熱愛的事——藝術與建築。

---

15 Goldsmith, Komlos, and Gold, *The Chicago Guide to Your Academic Career*.

* 譯註：因為博士與醫生在英文裡都是doctor。

現在要當個長聘教師跟成爲一名職業冰上曲棍球員一樣。你要從四、五歲開始打，然後參加青少年發展聯盟（developmental leagues），再參加青年國家隊，或許還要就讀全美大學運動聯盟的冰上曲棍球四強名校（Frozen Four）。（如葛拉威爾〔Malcolm Gladwell〕在《異數》〔*Outlier*〕所言，正巧出生在分組年齡上限後也會有幫助，因爲他們從小到大都是每個年齡分組裡頭年紀最大也最高壯的小孩。）你的競爭者將在生活的各方面都占盡優勢，而你或多或少都得要趕上他們。

以學術生活爲例，這就表示直接從一個書香世家起步，然後進入一所名門大學，再申請到一流的博士班，沒有太多時間花在工作上或者思考自己的生活。[16]這就表示你會一路順遂讀完那個博士班，最好是從事研究助理，讓你可以共同發表文章，還可以獲得重要資助機構的認可，而不是擔任教學助理，像個沒沒無名的服務階級。三十歲左右拿到博士學位之後，新進學者就受到那些經歷過類似訓練且享有相同特權的同事所認可。歷史學家伍德（L. Maren Wood）整理了人文學科的資料顯示，有超過五成的新任長聘教授要不是在完成博士論文的最後階段就是在博士後的一年內找到工作，然後畢業年份每增加一年，受到聘用的博士人數就會逐漸減少，最後是一個也看不到。[17]物理實驗室的博士後可以算是畢業後的新頭銜，但無論如何，任何人在目前的研究學徒階段（research apprenticeship）即將結束之際，時間的壓力就愈來愈大。

我最近剛參加完麵包塊作家研討會（Bread Loaf Writer's Conference），我那場工作坊的主持人是密西根大學教授戴維斯（Peter Ho Davies），他評論我正在寫的小說第一章。故事中的人物有博士學位，最近剛做完博士後；他的年紀三十一歲，而我想大家都會覺得這完全符合預期，或許還會覺得他有點衝太快。彼得圈出這兩點，然後在空白處註解：「要改成二十七或二十八歲嗎？」彼得自己在三十歲拿到終身聘，而我在三十八歲取得博士學位，做完第一個博士後已經是四十八歲，我身上的條碼刷出來顯然是個即將到期的產品，可以直接送到一元商店去賣。[18]

沒有靠山就無法安身立命

商業專欄作家柯爾曼（Harvey Coleman）以專業表現（performance）、個人形象

16　這種情況下所定義的「優秀大學部」，令人意外地，竟然傾向人文學院，例如里德學院、斯沃斯莫爾（Swarthmore）、巴德學院（Bard）及格林內爾學院（Grinnell），這些學校的畢業生繼續讀博士的比例遠高於一些大型大學。請參考：Reed College, "Doctoral Degree Productivity."。大學時培養的廣泛好奇心，被認為有益於之後專注於一些事的好奇心。

17　Wood, "Who Lands Tenure- Track Jobs?"

18　另見：Jaschik, "Bias against Older Candidates."。

（image）與能見度（exposure）發展出一套職業生涯成功的公式（或者稱爲ＰＩＥ，因爲企業導師講兩句話就一定要縮寫）。[19]柯爾曼煞有其事地進一步做出估算，宣稱職業生涯的成功是10％的專業表現、30％的個人形象，與60％的能見度。雖然我不完全苟同這組數字的精確性，但我認爲是八九不離十。我們對於功績主義（meritocracy）的迷思使得我們相信專業表現就是一切，但是它只是一個測量的門檻，先有專業表現，其他兩個部分才能發揮作用。糟糕的表現絕對會妨礙學者更上一層樓，但是卓越的表現只是讓他得以進入第二輪，檢視另外兩個更重要的標準。

專業表現可以透過求職者的博士學位、發表與演說的紀錄，以及取得研究資助的能力進行測量。這幾個方面很大部分都是求職者自己可以掌控，但不完全是如此。比方說，如果一名博士生並不是在一個設備先進的實驗室，或者周遭也沒有讓她在自己的專業領域上取得獎助所需的機構資源，她的得獎紀錄也就比不上她在一所頂尖學府的得獎紀錄來得好。如果她的圖書館沒有像加州大學柏克萊分校知名的多伊紀念圖書館（Doe Library）配有訓練有素的館員，也就沒有辦法享有一對一專人幫忙搜尋文獻，或者是提供重要的期刊與檔案的建議。所以了，儘管她可能和其他研究生一樣聰明，還是需要有工具來發揮自己的才華——每一所學校或是每個指導教授所給的工具並不一樣。

公式之中的**個人形象**基本上算是與生俱來，雖然如果再配有一名好的裁縫以及花時間在健身房鍛鍊會有幫助。但是個人形象有一部分取決於新聘委員會如何理解候選人，而這完全是求職者無法控制的。舉例來說，有些四十多歲的人在激烈的求職市場上會很艱困，因爲其他老師對新同事的形象可能是三十出頭。女性帶著結婚戒指又差不多是要照顧小孩的年紀，就可能會被扣分，因爲想像她的學術產能極有可能因爲她身兼母職而銳減。有色人種在一個教授全部是白人的科系，很難通過「本系絕佳人選」的門檻。我們一直知道性別與膚色等未公開但實際存在的標記，這些對於申請人成功或淘汰的影響力，並不亞於專業表現。[20]

能見度，也是整個大餅（PIE）中最大的一塊，而新科博士論文口試委員會的影響遠大於博士生本人。沒有任何一個單位會歡迎欠缺後台的新老師，現在的口試委員要願意介紹、力挺、拉關係並負責打通關。當然，我們常會有一種錯誤的想像，那就是認定教育的一切都是發生在教室裡，但是把博士生變成一個能夠養活自己的同事，這份工作實際上是由老師們在課堂上以外的時間完成。

我們博士班之前有個教授，每個月都會把她指導的博士生找來家裡一起吃晚餐，然後大家互看彼此的學術履歷與求職信（cover letters）。她和學生一起努力，幫他們想信要怎麼開

19 Coleman, *Empowering Yourself*.

20 Gasman, "The Five Things No One Will Tell You about Why Colleges Don't Hire More Faculty of Color."

頭，並針對他們的研究寫出最適合那個系的說帖。在系上同事之中，她會帶著自己的學生在門後慢慢摸索，否則那扇門就是永遠深鎖，她會跟那些負責聘人的資深教授推薦並建立合作關係。想當然爾，她的學生求職的表現遠遠勝過系上任何一個同事的學生。導師要下的工夫可想而知，且態度必須和其他部分的知識生活工作一樣嚴謹，才能把自己的博士生培養成教師。

美國的博士班可以分成兩個階段：第一階段是修課，完成學科考，並提出博士論文的計畫，之後就是博士候選人階段，此時已經通過全部資格考的學生就可以投入自己的研究。假如博士班的老師和課程無法在每位學生的博士論文過程穩定地發揮作用，幫助學生走向學術專業，就算是失職。他們串通好一起向聰明、實力獲得肯定的學生出售昂貴的財產，然後卻讓那些資產被取消贖回。泡沫經濟時也是如此，推銷員會想要甩得一乾二淨，但沾在手上的污點卻是洗不掉的。

非典型職業市場的文化衝突

針對博士教育的生態，有許多評論都曾提到要培養學生進入「非典型職業」（alt-careers），也就是把他們的聰明才智轉移到各種產業，而不是只專注於學術工作。雖然兼任教師與博士後可以離開學術圈，轉到藥廠或金融業討生活（還賺得比教授多），但是大部分的工作依然不適合接受過完整博士教育而培養出來的思維方式。沙特（Jean-Paul Satre）曾經將知識階級描寫爲「有機知識分子」（organic intellectuals）*還有「批判知識分子」，前者是指由商業滋養有機成長以滿足商業需求的知識分子，而後者則是提出更大的問題、專注在一些超越技術性與功能性的議題，例如正義、倫理與不確定性（uncertainty）。[21]

商業看重的是專業知識，也就是你清楚自己可以做得又快又好的事。學術圈看重的幾乎是完全相反的東西，也就是一直處於一種「未知」的狀態，不滿於目前的知識與作法，渴望重新檢視個人知識的基礎。這也是爲什麼學術界的博士要叫**哲學博士**（Doctor of Philosophy），不論是哪一個學科，哲學博士就是訓練你懂得批判，隨時有一種瑪莎·葛蘭姆（Martha Graham）口中「奇怪而充滿神性的不滿足，以及受到祝福的騷動不安」。這種不滿足不是因爲受夠了銀行或交易，也不是對於投資季報的反應，更不是因爲管理超市或州辦公室而點燃。根據我的經驗，不滿足是因爲對學術行政工作同樣厭煩，讓他們覺得自己彷

* 編註：該詞最早源起於二十世紀上半葉的義大利共產黨領導人葛蘭西（Antonio Gramsci）的《獄中書簡》，相對於「傳統知識分子」乃過往世代主要的知識壟斷者，負責傳遞統治階級的意識形態，如神職人員、教師、律師、官僚等，「有機知識分子」與其所屬的階級有更緊密的聯繫，分工更明確。

21 Sartre, "A Plea for Intellectuals."

佛在經營飯店，而不像個學者。

博士班如果訓練得好，也會造成受過博士班訓練的學生無法適應其他的生活方式。他們面對眼前的事實緊抱著學術之夢，不僅僅是一廂情願地相信自己有一天將可以躍進學術之門，也是因爲學者理解世界的方式就是如此，還有，因爲其他的工作對於好奇心都沒有那麼開放。

誘餌與交換

我跟系上說我想要一份全職工作，他們說沒有經費，所以我在兼課十年後於二〇一六年辭職。後來他們就有經費雇用長聘教師，因此我就申請了。

——妮可，兼任教師

當我開始在那（所大學）兼任的時候，我整個人有種只差臨門一腳的感覺。我曾經擠進他們招募全職非長聘教師的最終名單，但我真的因為身為一個幼兒母親而感到條件不如他人。不僅如此，我還無意中發現我有位同事也擠進最終名單，而她已經在學校教了二十五年。最終，我們兩個人都落選了。

聘人的情況訊息萬變。職缺在招聘的過程中消失或者變成假訊息——他們聘了一個不在名單、跟工作內容不相干的人。原本要長聘的職位，變成一年約可續聘。他們原先開出來的是長聘，但在過程中卻很神祕地變成一年一聘。

——蕾蓓卡，兼任教師

——保羅，兼任教師

我們可以把生產端的缺點視爲是約聘教師的一環，但是卻不能也一併忽略消費端的缺點，就把這個問題帶過去。

根據我跟約聘教師的談話，其中最常聽到的一件事就是常常有上當的感覺。有些學校開了一些課，然後暗示（用一種曖昧模糊且在法律上站得住腳的說法）他們開了一個「缺」，這些課如果反應好，「很快」就可以轉成專任。所以心情愉快、感到興奮的老師會有很棒的一個學期或一學年，然後系主任就會跟他們說，你教得很好，很高興系上有你在。然後他們又教了兩門課，或許還會加上第三門。如果是其他工作，這很明顯是他們準備獲得提拔的徵兆。

看起來陷阱充滿誘惑，就是要讓你掉進去。

兼任的職位不會蛻變成專任職位，而兼職的工人也不會因爲工作上的表現良好而拿到鐵飯碗。長聘的專任職缺，即使是在最差最差的學校，如西北中央農工州立理工大學（Northwestern Central A&M State Tech），也是全國博士生尋覓的目標。大學並不是亂槍打鳥地找人來試用，老師也不是按部就班地往上爬。博士後或兼任教師的職缺就是博士後與兼任教師，也就是讓你在一段時間內完成一定工作，然後領一定薪水，無法保證有進一步的關係。臨時工作不僅無法保證讓人再獲得那份工作，而且還可能因爲：(a)離博士畢業愈來愈久，使得論文過時，(b)被看成「就只是一個老師」，而且是一個愈來愈黯淡的學者，造成自己的機會愈來愈渺茫。我有個朋友在東岸的一所重點研究型大學做了三年備受重視的兼任教師。事實上，因爲太受器重，他們要她加入長聘的專任教師新聘委員會，但系主任跟她說別白費力氣申請，因爲她終究就只是一個教書的老師。

但是誘餌實在太吸引人。回到課堂上課著實有趣，而有個「.edu」結尾的電子信箱也就了無遺憾。系主任當面誇獎你、深深感謝你的付出，還有在課程評鑑上讀著學生的喜悅（不論是對老師還是對他們自己的能力）也實在使人陶醉。你的腦中滿滿的異想天開，而兼任教師就願意年復一年去追求一個不知猴年馬月才能實現、卻相信自己終將獲得的專任缺。

學校用很模糊的希望引誘人到學校教書，說他們有一天可能轉爲專任，這在道德上實在站不住腳。我瞭解，情況是毫無徵兆就演變至此，而面對不斷下滑的註冊率，在預算限制下，長聘缺或許遙遙無期。但是事情實在發生得太過頻繁、發生在太多聰明人身上，讓人很難想像每一次都是意外。大學靠著短期與長期合約的定義模糊不清來得到好處，使得約聘的求職者終日活在不確定之下。他們還能打從心底期待一段忠誠、永恆不變的關係嗎？或者他們就應該對於床頭櫃放在信封裡的夜渡資感到心滿意足呢？

CHAPTER 5

如果學生不付老師薪水，為什麼學費這麼高？

——組成多元化、大學公司化，而設備升級和增聘教師都需要花錢

大家對於學費飆漲，同時學生貸款又增加的故事，全都耳熟能詳。美國的大學畢業生（包括輟學學生）加起來總共欠了一兆四千億美元的學生貸款，總金額超過美國車貸，也超過卡債，僅次於房貸。自從我一九七六年讀大學以來，美國學費的漲幅要比通貨膨脹快了三倍。下頁表4呈現全美國平均學費的變化，數字全部都以二〇一七年爲基準做了通貨膨脹的調整。[1]

光從數據來看，實在毫無道理。這段時間，大學對於低薪兼任教師的依賴翻倍，而學費也漲了三倍?!哇，肯定有人賺很大！

嗯，沒錯，但未必是你所猜想的人。高等教育的成本隨著兼任教師人數增加也遽增，就如同醫療成本隨著人力轉移到輔助的醫療人員而飆升，兩者之間有許多相同的理由。讓我們

1　College Board, "Tuition and Fees and Room and Board over Time."

表4　學費增加，1976級至2016級（經過通貨膨脹調整）

	州民學費		
	公立兩年制學院	公立四年制大學	私立四年制大學
1976-77	1,210	2,650	10,860
1986-87	1,480	3,160	14,880
1996-97	2,280	4,640	20,260
2006-07	2,730	6,980	26,830
2016-17	3,530	9,840	34,100
四十年變化	292%	371%	314%

資料來源：College Board, "Tuition and Fees"

探索背後潛藏的原因，瞭解爲什麼學校的收入增加卻聘不起大量、穩定的教師。

大學從哪裡賺到錢？

不論規模大小或有多複雜，學院與大學基本上有三種共同的收入來源：服務費、州政府的稅收或宗教捐助，以及投資與捐贈的收入。

從美國高等教育大多數的歷史來看，這三種收入來源都帶來可預期的效果。第一種，服務費，也就是指父母所付的學費，藉此換來的是保證他們的兒子（後來也有女兒）將會「好好完成學業」。第二種來源，贊助，是培養學校對於大型機構社會與哲學目標的反應能力（responsiveness）。還有第三種，捐贈以及其帶來的捐助，帶來自主性：有一筆財務自由的款項（screw-you money）讓學校可以在消費者與贊助者的要求以及財務上暫時的困窘中喘口氣。

這三種來源依然存在，只不過每一項都變得複雜許多。服務費當然還是包括學費與住宿費，但是大學也更懂得用其他的校產營利。以小錢來說，校方會把部分校園租出去辦足球夏令營、成人教育週以及學術研討會。他們也爲當地的企業提供諮詢服務、指導研究設計、行銷計畫與農業活動。他們也開辦推廣班與講座，還授權給各式各樣的商品：印著校名的長袖運動衫、印著吉祥物的馬克杯、校徽手機殼、車尾派對（tailgating）用的冰桶以及男生住處坐的高腳椅。

研究補助已經成爲大型州立大學與私立研究型大學重要的收入之一。美國的大學從聯邦研究基金獲得數百億美元，而且還會從生醫、藥學與農業等企業研究的合作伙伴那裡再拿到好幾十億。以麻省理工學院爲例，二〇一五到一六年之間，學校的學費收入是三億四千萬美元，幾乎還不到它研究補助十七億美元的五分之一。[2]學校還有一筆跟著研究而來的延期付款資金，隨著校內的發明轉爲專利，然後變成授權金。這實際上已經不是大學，而是全國性的實驗室，正好附屬在學校裡頭罷了。

2 Massauchussetts Institute of Technology, "MIT Facts: Financial Data."

即使是一些研究風氣不盛的區域型大學，例如西密西根大學（Western Michigan University），研究補助與合約加起來也達到該校當年度收入的7%。[3]研究經費的重要性大大轉移綜合型大學的注意力。小型學校也是亦步亦趨，每一所學校都希望能夠把自己的井鑽進這個研究的大水槽。

第二種收入來源，也就是各個宗教或州政府的支持，但近年來已經快速縮減。私立學校經常切斷與帶有宗教色彩的創辦人之間的正式關係，而且有組織的宗教也不像五十年前那樣地寬裕了。公立學校部分，州政府的高等教育撥款根本就跟不上近幾十年來開銷成長的速度。美國研究學會（American Institutes for Research）發現僅僅是二〇〇三至二〇一三年的十年間，政府對於每位學生的補助，社區學院下滑了9%，大學部的學生下滑16%，碩士班減少了25%，而研究型大學的博士班降了28%。[4]緩緩增加的稅收跟不上快速增加的註冊人數，也跟不上大學現在提供的各式各樣支持學術與學生的服務。以佛蒙特州爲例，一九八〇年的時候，州立學校的經費來自州政府撥款的比例大約一半又多一點點；現在則是下滑到19%，[5]而在我的老家密西根州，政府的補助也大致雷同，從一九八〇年代中期的60%，降到現在的20%。[6]

這有一部分和黨派政治以及州議會的「紅色轉向」（red shift）*有關。教育研究學者紐菲爾德（Christopher Newfield）就詳細記錄了製造出大眾對於知識生活的質疑相對近期的歷史，從眾議院非美活動調查委員會（House Un-American Activities Commission）到威廉・鮑威爾（William Powell），從美國商會（US Chamber of Commerce）到「自由主義偏見」（liberal bias）的神話製造者，一連串的努力全部都是在降低美國人對於大學體驗各種功能的信任與支持。[7]這樣做的確有效，美國人現在對於高等教育的態度表現出很強烈的黨派分歧：二〇一七年皮尤研究中心（Pew Research Center）的民調指出，共和黨的受訪者有58%的人相信學院與大學「對國家發展有負面的影響」，另一方面，民主黨的受訪者則有72%的人相信學院與大學對國家有正面影響。[8]州議會無法從如此對立的立場發展出跨黨派的資助計畫。

另一方面，較不具有黨派色彩的解釋則是認爲，州議會補助高等教育是因爲看到地方的經濟好處。但是，州政府支持大學所得到的回報比過去更難回饋到地方，也因此難以吸引到

---

3 Western Michigan University, "General Purpose Financial Report 2016."

4 Desrochers and Hurlburt, *Trends in College Spending*. 長期趨勢則是更糟，請見：Archibald and Feldman, "State Higher Education Spending."

5 Vermont State Colleges, "Presentation to the House Appropriations Committee."

6 Fichtenbaum and Bunsis, "Analyzing University and College Financial Statements."

* 譯註：指共和黨成為多數黨。

7 Newfield, *Unmaking the Public University*.

8 Pew Research Center, "Sharp Partisan Divisions."

地方的預算。偏鄉地區敵視「教育菁英」的原因之一，是因爲教育幾乎完全是單方向從農村流向城市。爲什麼農業、礦業與林業地區會有興趣讓本地最聰明、能力最好的小孩進一步外流呢？當愈來愈多學校錄取外州的學生，以及學校傑出的畢業生一波又一波前往其他地區的都會中心，州政府會發現高等教育不應該是地方補助的對象。

接下來是第三種收入：捐贈與投資。請相信我，地方型社區學院的校友捐助實在不多，而常春藤盟校聘用校長的標準是看他有沒有籌辦一場又一場數十億慈善募款活動的能力。還記得麻省理工學院一年三億四千萬美元的學費收入嗎？同一年，該校收到一億六千兩百萬美元的餽贈與遺產捐贈（gifts and bequests），而從學校一百四十八億的捐款撥出每年5％作爲營運基金的支出、亦即相當於七億三千一百萬，光是這筆錢就超過學費收入的兩倍。[9]換句話說，麻省理工學院每年從捐款之中分到的營運基金，完全可以支應附近邦克丘社區學院及全校一萬三千個學生的所有開支，而且是八年的開支。[10]

收入不穩定，工人不穩定

這些菁英學院，不論是像里德學院之類的人文藝術學院，或是俄勒岡大學（University of Oregon）這種州立旗艦型大學，都有一項心照不宣的資產，就是它是令人嚮往的名校，想要讀的學生趨之若鶩，超過招生人數。篩選學生是管理收入的絕佳工具，因爲篩選讓學院可以相對準確地預測在秋天開學時手上會握有多少現金。其他學校是每年都要猜，而那是迫使學校採取約聘方式的強力因素。

請想像有一所不起眼的學校，姑且稱之爲哈佛。哈佛每年都在找尋最佳的新生註冊人數，一群他們已經準備好可以好好照顧的學生，人數大約是一千六百五十人到一千七百人。以二〇一七年秋季班入學的新生爲例，哈佛吸引了四萬個申請人來搶一千七百個名額，最後錄取了兩千零三十八人。[11] 錄取的人之中大約有17%會選擇其他學校，所以學校不需要從候補名單再找人就可以準確達成目標。哈佛有一套管理入學人數的完美工具，也就是高需求及高淘汰。哈佛每年可以錄取兩千人，不論申請者有三萬、六萬或是二十萬，幾乎都可以完美達標。

請再想像有一所更普通的學校。姑且稱之爲索斯州立大學（Something Other Than Harvard State University, SOTH State University）。索斯也是在摸索最佳的新生人數好塞滿學校的教室與宿舍，也許跟哈佛一樣是一千六百五十人。但是因爲索斯的主要學生來源是當地

---

9 Massachusetts Institute of Technology, "MIT Facts: Financial Data."
10 Bunker Hill Community College, "Financial Statements."
11 Harvard College, "A Brief Profile of the Admitted Class of 2021."

人，而當地優秀的學生都申請了哈佛，所以索斯只有三千個人申請，不到菁英學校申請人數的一成。學校要錄取75%的申請者（而不是像哈佛只錄取5%），才能達到兩千三百個錄取人數，接下來行政人員要整天祈禱那四分之三的申請者會選擇索斯州立大學，而不是其他更好的學校。由於一切都不在學校的掌握之中，所以索斯必須先準備好一千五百至一千八百個新生會入學的課程，然後再根據這些課程安排好上課的老師。

以麻州的州立大學爲例，學校看著整體新生的人數從一九八八年的十六萬七千人下滑到一九九六年的不足十五萬人，然後再反彈到二〇一二年的接近二十萬人，接著在二〇一六年又下降到十八萬六千人。[12] 同一段時間，加州社區學院（California Community Colleges）這個規模更大的系統每一年的學生人數是介於兩百萬到三百萬人之間，今年到明年的人數起伏高達二十五萬人。[13]

如此變化根本就沒辦法穩定地聘用老師。

廣設大學造成整個大學體系更容易受到出生率暴增與暴跌的反覆無常所影響。許多大學在二〇一〇年後中學畢業生驟減就已經感受到衝擊，面對一九九〇年代人數減少的新生兒在二〇一〇年之後陸續進入大學的殘忍事實，各大學無不努力達成新生註冊的目標。工人階級與中產階級的大學已經因爲新生人數困擾了近十年，不是因爲學校管理不善，就單純是因爲少子化之故。

這個完全意料中的新生人數蕭條，不知怎麼地好像讓許多學校措手不及。它們在二〇〇〇年代大幅擴充學校服務與住宿容量，大興土木蓋出一棟棟科學大樓，招收嬉皮世代變成雅痞後在一九八〇年代生下的小孩而增加的準大學生，然後整個二〇一〇年代就一直擔心在註冊人數崩盤的情況下該如何回收之前的投資。

所有公司都有固定成本與單位成本，大學也是如此。它們的固定成本是終身聘的老師、行政人員、專業職員，還有固定與資訊的基礎設施，這些成本不會隨需求的變化而改變。單位成本基本上就是食物與教學，再加上那些在開學前一週還不確定自己是否有課可上的老師首當其衝所要承受的衝擊。針對二〇一七年秋季入學的新生，受訪的學校只有34％回報說學校在五月一日之前完成招生，亦即有三分之二的學校整個暑假還在搶人彌補新生缺額，其中有不少學校根本就招不滿，也造成兼任教師一直到開學前都還懷疑自己是否有課可上。[14]

我們不難理解個別學校的人員流動性，但我們必須搞清楚現在是全面如此。如果只有一小部分的中學畢業生進入幾所大學，只要稍微改變打開或關閉篩選學生的大門，就可以輕易改變人數的估算口徑。但是當大部分的中學畢業生都升上大學，整個國家都把大學視爲成人

12 Massachusetts Department of Higher Education, "2016 Enrollment Estimates."
13 California Community Colleges Chancellor's Office, "Annual/ Term Student Count Report."
14 Jaschik, "The 2017 Survey of Admissions Directors."

生活不可或缺的一部分，也就迫使整個體系要應付原始的、週期性的人口變化。兼任教師是讓整個體制可以度過難關的避震器。

流浪學生，流浪教師

大學穩定的迷思包括緊張的新生從中學畢業後，於八月底開著租來的卡車抵達「你好嗎大學」（Whussupwich U），然後經過了整整八個學期後，以二十一歲之齡帶著自信、穿著畢業袍、手上握著「你好嗎大學」的畢業證書離開。過去就不見得是每個學生都如此，但現在則更是相對罕見了。有超過一半的學生因為個人興趣缺缺或基於家庭需要，如小孩生病或休學一學期工作賺下學期的學費，而在求學的過程中休學與復學（像我），或是休學後就不再回來。此外，在二〇〇八年入學的新生中，大約有近四成的大學畢業生並不是在他們一開始入學的學校拿到學位。[15]

學生流動率驚人創造出大規模的基礎設施以支持學分的轉移，在A校選課拿到的學分，之後可以在B校抵免取得學歷。學分移轉的基本邏輯是功能等價：也就是說，本校對於基礎微積分的理解跟另一所學校對於基礎微積分的理解是差不多一樣的，而「基礎微積分三學分」就是貨幣的名稱，學生可以拿到任何一個學校交換學分。

學分等值的預設會導向經濟學家所說的商品定價（commodity pricing）。一個單純的商品就是一種產品，不會因生產者而有所差異，也無意在生產者與消費者之間建立關係。舉例來說，一百磅重的牛奶是畜牧業的標準測量單位。牛奶從牧場被載走，跟其他地方來的生乳一起裝進大卡車。牛奶的處理過程及包裝，完全和其他上百家牧場一模一樣，最終裝到塑膠桶裡或是做成起司以塑膠模包好送到超級市場，所有農場的牛奶全部都混在一塊。每家牧場的每個單位價格都一樣，不會說自己的風味品質比較獨特，只會規定最低的消毒殺菌門檻。牛奶的品質不能低於標準，但也不需要高於標準。

大學的學分也變成類似的商品。由於學生流動率高，轉學非常普遍，某校修完的三學分社會學導論，需要另一所學校承認並轉爲三學分的社會學導論。獨特的經驗以及課堂上學到的特定觀點，全部無關緊要；授課老師是誰也不重要，重要的是老師那三學分的授課內容；學生是誰也不重要，重要的是獲得三學分的內容（「內容」一詞清楚地說明測量的單位是課程的量而不是品質）。社會學導論與牛奶都是標準化且無關個人的產品，需要的時候再從一個又一個大桶子拿出來。它們是可以代替的：毫無差異且可以相互交換。[16]

15 Shapiro et al, *Transfer & Mobility*.

16 事實上，可以抵免帶走的學分從中學就開始累積了，有愈來愈多的學生靠著進階課程拿到大學學分，請見：College Board, "Class of 2016 Data."。

商品的可替代性帶來降價的壓力，也根本無法考慮到生產者的獨特作法。如果有一座牧場裡的酪農覺得自己每一百磅的牛奶需要十八．五美元才能打平，但是從合作社定下來的市場價格是十六．五美元，然後就十六．五美元定案了，此時，個別的酪農就必須選擇：(a)每一百磅賠兩元，(b)減少工作的品質成本（quality cost），(c)乾脆就不賣牛奶。兼任教師也和酪農一樣。社會學導論這門課在波士頓市區大學的教學市場上，每三學分大約可以用三千美元聘到老師，[17]因此個別的老師，不論學歷有多好，也不管有多優秀，都需要選擇：(a)教書以換取令人臉紅的鐘點費，(b)試著讓教學工作更簡單、不用花那麼多時間，(c)乾脆不要教。假如大學只不過是資訊彙整的平台（college-as-aggregator），只要老師的能力有達到一定的門檻，他們是否更好實在不那麼重要。

當大學**經驗**遭到捨棄，進而支持大學的**學分**，也就完全可以理解這些絕望的老師陷入適者生存、不適者淘汰的競爭。我們已經清楚說明了，高等教育，特別是轉學情況非常普遍的工人階級與中產階級子女就讀的學院，基本上已經接受獨特經驗的消失，同時也願意接受化約為數字的產品。[18]大學的課程本該獨一無二，而不該是等著顧客上門的標準產品。但假如我們不夠謹慎，交易的邏輯就會消滅其他的思考方式。

學校依賴學分互相承認，不論是轉出或轉入，完全和學校依靠兼任教師有關。舉例來說，社區學院幾乎完全投入轉學的事業，讓學生先在學校上前兩年的課，匆匆完成其他學位前面的課程。社區學院集體依賴兼任教師的比重最大：全美國的社區學院大約有七成的兼任教師，有些學校甚至超過九成。中產階級子女就讀的大學大部分有很高的轉學率，而這些學校也是兼任教師主要的任教地點。

不論是什麼學校，本系學生上的或系上開的課，主要是由專任教師授課。兼任教師主要集中在開給外系學生選修的課，以及大部分轉學生所上的核心課程。寫作課高度依賴兼任教師，初等數學以及開給非理工科學生上的「科普」課程（science- for- nonmajors "breadth courses"）、社會科學以及人文課程導論也是一樣。這些全都被當成商品，完全一模一樣的產品，每個地方都可以生產與消費，授課的老師也比較不那麼學有專精。各系通常很不屑地說這類課程是「服務性課程」（service course），亦即它們之所以開課是爲了滿足整個學校

---

17 《高等教育紀事報》在它的「紀事資料」（Chronicle Data）計畫（http:/data.chronicle.com）中蒐集了全國各地兼任教師自願提供的資料。從中我們看到，三學分的社會學課在東北大學（Northeastern University）是二二〇〇美元，費雪學院（Fisher College）是二三〇〇美元，邦克丘社區學院是二七六〇美元，麻省灣社區學院（Mass Bay Community College）是三〇七〇美元，梅里馬克學院（Merrimack College）是三五〇〇美元。我們也看到布蘭迪斯大學是五〇〇〇美元，塔夫茲大學（Tufts）是六〇〇〇美元；因此，假如你要兼任，至少試著到一家有錢的學校兼任。

18 但是，隨著學生欠債的情況，有可能會拖累大學的參與者，而追求「效率」的壓力也不斷增加，指名道姓也就變得愈來愈明顯。請參考三大高等教育協會共同發表的〈針對學分轉移與授予的聯合聲明〉（Joint Statement on the Transfer and Award of Credit）。

的需求，而不是明確針對本系主修學生的需求，因此不值得占用系上寶貴的資源。

導論的服務性課程是可移轉學分（trasferrable credit）的大宗，裡面也最多是由非專任但有能力的老師來上課。不論在任何地方，都有幾十個或甚至幾百個人可以站出來上人文學院的數學課或商業分析（Business Analysis），卻可能沒有人可以上離散數學（Discrete Mathematics）或仿射幾何學（Affine Geometry）。由於找兼任教師上基礎課程相對簡單，所以終身職的教授不用碰這類課程，降低教授的補貼。

整體而言，社區學院與州立大學經常會簽訂鉅細靡遺的銜接協議，事先決定等值的課程，詳細列出哪門課的學生可以從一所學校轉到另外一所學校。跨越好幾個州的銜接協議也蓬勃發展，特別是在國內人口比較少的地區。銜接協議對於學生來說是很重要的，這讓他們不會被迫在新的學校花錢再修一次重複或補救的課程；[19] 但這對於老師來說就很殘忍了，把約聘老師變成種植作物的農夫，蒙大拿州的一堆冬麥跟奧克拉荷馬州的一堆冬麥完全一樣。

即使是重點研究型大學，同樣的初階課程也很有可能是由約聘老師教學，還有兼任教師、研究生教學助理或博士後。學校的旗艦課程，也就是老師感興趣且可以表現專業的高階課程（教起來最爲有趣，課堂裡也坐滿了一批有高度興趣、堅定不移，而且早已證明具有潛力的學生），則不受到約聘教師的影響。

走進最高端的文理學院，學校裡的兼任教師非常稀少，部分是因爲他們的轉學生也很少見。這類學校把自己的校譽賭在學校提供了無可取代的獨特經驗。菁英學校如米德爾伯里學院表示自己的大學部學生有95%都是「首次上大學的全職」（first time, full time）學生（全校兩千五百個學生只有十九個是轉學生，而且幾乎每個學生都是修滿學分）；新生的畢業率有93%。[20]米德爾伯里學院列出學生一年的花費（包括住宿、吃飯與基本開銷），大約是六萬九千美元。[21]學生選擇有錢人小孩的專業大學，大部分都是有很多的家庭資源可用，不只是有錢，也還有知識與情感上的資源，讓他們能夠克服一些在其他學校會造成學生延宕或轉學的風暴。

中產階級子女就讀的學校，例如中密西根大學，就有比較多的轉學生。該校大約只有68%的學生符合聯邦政府所定義的「首次上大學的全職」學生，其餘的學生不是半工半讀，

19 只不過從學生的角度來看，這個市場依然有缺點，美國政府責任署（the Government Accountability Office）在〈學生需要更多資訊〉（Students Need More Information）文中預估，轉學生大約損失自己在原先學校的四成學分。教育顧問力得（Chari Leader）也在〈轉學是門好生意〉（The Good Business of Transfer）一文中預估，學生重複修抵免不了的學分，每年大約價值一百億美元。

20 National Center for Education Statistics, "College Navigator."

21 Middlebury College, "The Cost of a Middlebury Education."

就是從其他學校轉入。中密西根大學每年入學的新生，大約只有57%在六年內從該校畢業。[22]這並不代表其他43%的學生最後沒有大學畢業，而是其中有許多學生是從其他學校畢業，他們把學分帶到其他大學。

約聘老師則是密切注意大環境的變化，希望下一個成長季能夠大豐收，然後納悶自己是否應該隨之移動。

大學追逐就業市場

實務教育成為整個大學生態的一環，至少可以追溯到一八六二年摩里耳土地撥贈法案（Morrill Act of 1862），「（每一州）至少要捐贈、支持並且維持一所大學，學校不排除其他科學與古典研究，同時也教導軍事策略，但首要目標應該是以各州立法機構分別規定的方式，傳授跟農業與機械技能（agriculture and the mechanic arts）相關的分支知識，以便在生活中幾個專業與職業促進工人階級的人文與實務教育。」[23]（農業與機械技能也就是後來這類學校的校名依然有A&M之故）。摩里耳法案創立了多所中產階級子女就讀的大學，如同一八九〇年代創立的學院，尤其是在摩里耳土地捐贈學院選擇繼續進行種族隔離的州裡，會特別針對黑人學生的需求。十九世紀也出現另一種職業學院，師範院校出現以培養中學畢業生成爲基礎教育（K–12）的老師，小型的教會學校成立負責訓練牧師及信徒領袖（lay leaders）。

現在這些平凡的學校大多數都變成中產階級的州立大學，例如威斯康辛大學密爾瓦基分校、肯特州立大學；有一些則是變成經濟與重點大學，如加州大學洛杉磯分校、密西根州立大學，甚至是麻省理工學院。這些學校（除了幾所菁英大學）從過去到現在都一直是農民與工人小孩學習白領階級規範的地方。學生不只是學習教學、講道、機械等技能，也學習中產階級的行爲與價值觀。不論讀什麼系，年輕人在學院裡學習節制、勤奮與合作，也學會在日趨複雜的產業、市民與社會體系的管理中各司其職。這些學校是工業革命啟動的基礎。政府的看法是把常春藤盟校留給貴冑子弟學習金融與策略；十九世紀學院大爆發則是美國在創造堅實的未來，把利潤押在創新與工業。

美國工人與中產階級的高等教育，大多數仍然是職業取向，目標是提高下一代的生活品質，從工人轉成經理，從風吹日曬的戶外轉成得以遮風避雨的室內勞動，從危險的工作變成安全的工作，從勉強過活變成功成名就。不過從摩里耳法案實施以來，至少有兩件事已經改變。首先，歷經新政與大社會計畫（Great Society）的全盛時期之後，集體利益（collective

22 National Center for Education Statistics, "College Navigator."
23 United States Congress, "Act of July 2, 1862 (Morrill Act)"

good）與計畫經濟的目標逐漸由信奉個人策略決定的無形之手所取代。現今沒有任何一個國會會推出一項如摩里耳法案的全國長期計畫，更不用說設立工程興辦署（Works Progress Administration）、社會安全保險（Social Security）或是一九六五年的高等教育法案（Higher Education Act of 1965）；我們已經改爲信奉世人認定的市場智慧，個人選擇的浪潮某種程度代表的是道德趨向而非混亂。

另一個變化是前進的速度太快，以至於我們沒辦法再預測哪一種經濟方向將會有恆久的價值。一八六二年，我們的領袖面對一大片荒蕪，向西是一片遼闊之地，有無限的資源藏量以及迅速發展的都會區，因此認爲投資「農業與機械技術」不論對個人或整個國家，長期看來終究會得到回報。我們現在還能看到什麼類似的事？一種有充分報酬的行動或思考模式，值得幾十年的關注？

（不會有了，科學、技術、機械與數學〔Science, Technology, Engineering, and Mathematics, STEM〕都不是。首先，STEM的分類顯得愚蠢，科學與數學都不是具有技術、有職業前景的學科。他們是研究、臆測取向、帶有風險，這也是它們占的科系比例逐漸下滑的部分原因。技術與機械正盛，應用科系針對叫得出名稱的工作提供可靠的專業知識。其次，我們草率地認爲嚴格等於量化。如果我們希望人們變得聰明、專注、有紀律，和嚴格，任何工作都可以寄託那些條件；看看專業的舞蹈家、爵士音樂家、頂級短跑選手、哲學家與詩人。第三，有許多的跡象已經顯示科學、技術、機械與數學之路過度擁擠，根本就不缺受過技術訓練的工人。[24]整體而言，STEM不過是要人發明更多酷炫、平價的玩意兒提供我們消費的懶惰說法。）

個人化加上經濟變化的速度，這兩股力量透露出雖然大學職業教育還是持續，卻不再像過去一樣穩定、有耐心且按部就班、盡心盡力。大學現在要趕上變化速度比學校還要快的經濟；學生面對的是自己還懵懵懂懂、數以千計的生涯抉擇。我們看到各領域隨著媒體的關注而起起伏伏：鑑識學程隨著電視影集《**CSI犯罪現場**》而蓬勃發展，學生也因爲喜愛《**決戰時裝伸展台**》（*Project Runway*）與《**我的夢幻婚紗**》（*Say Yes to the Dress*）等綜藝節目而選擇時裝設計，HBO的《**權力遊戲**》（*Game of Thrones*）讓中古史學家突然遽增。我們看到大學修改課程以符合企業的需求。[25]人們鼓勵聰明的學生盯著職缺成長最快的各種跡象去挑選科系：聽力師？成本估算人員？活動規劃人員？根據一些投機者對未來的成敗估算，賭上自己的現在。值得注意的是，在一九六〇年代與七〇年代初期，大家普遍預測大學教師將有很大的成長空間，這項預測失準也是本書存在的原因之一。

---

24 Anft, "The STEM Crisis." 另外全國教育統計中心的資料也顯示，機械、健康科學、電腦科學等科系的畢業生比例明顯增加，而基礎科學與數學的比例則是逐漸減少。

25 比方說，the Association of Public and Land-Grant Universities, "LIFT, APLU, and NCMS Create Expert Educator Team."。

大學漸漸地不再被視爲是一種公共財（public good），而愈來愈被認爲是一種個人自己對於個人生涯的投資，是個人抱著回收的希望而貸款去讀的投資。由此觀點來看，問人「你拿到**畢業證書**之後有何打算？」並沒有冒犯或粗魯之意。它反映的是大部分人對於知識的工具論觀點。工具論認爲知識是一種工具，讓你得以去做一些事情。專長在機械、護理、商業或教育就只是命名的工具；我們清楚在世界上某個地方一定有個螺絲剛好可以鎖上去。假如主修的是哲學、數學、人類學、物理、音樂、地理……好了，你能靠這些做什麼？

當我們檢視過去四十年來所授予的學位，我們就清楚看到比例的變化。[26]傳統的人文科系，像是英語、語言、科學、數學、社會科學，授予學士學位的比例全部下滑了。大幅增加的，都是爲了就業而準備的科系：

- 電腦與資訊科學（增加385％）
- 休閒與健康（增加340％）
- 國土安全、法律執行與消防（147％）
- 傳播與新聞（116％）
- 通訊科技（100％）
- 健康管理（83％）

菁英學院基本上不會有上述科系，他們與擁有特權的天之驕子一起工作，這些天之驕子不管大學讀什麼系都可以過得很好。但是在工人階級與中產階級的大學裡，大部分的參與者，家人、指導老師與學生等，都會在腦中爲自己的生涯規劃想像出一條彈道，他們現在瞄準的是幾年後想要命中的目標。學生在某個時間點立志成爲一名電機工程師、護理師，然後接受教育與專業訓練好幫助自己邁向目標。目標就在那裡，學生設計了一條路，讓他們可以事半功倍地從目前的位置走到他們想去的地方。他們先預備，然後瞄準，最後射擊。他們命中的目標，往往不是他們一開始所想的那個。他們抵達目標之後，獎品往往已經跑到另一個地方。他們往往因爲風勢的干擾而沒打中。每一次射擊都是賭注，而每個學生幾乎都沒有第二次射擊的機會。

全部的焦點都放在個人並且爲他們針對特定職業準備，導致新的科系明顯成長，而任何一個科系也有可能因爲職業的軌跡改變或註冊率未如預期而遭到廢除。運動防護、運動科學、運動管理與餐旅、網路安全與數位鑑識（digital forensics）、平面設計與新媒體、創新創業（entrepreneurialism）……在追求看似有可能成果豐碩的職業軌跡過程中，幾十種新的

---

26 National Center for Education Statistics, "Bachelor's Degrees Conferred;" Chace, "The Decline of the English Department."

工作軌道一一浮現，就有如幾十萬人追隨著淘金熱或房市泡沫。

這些短暫的熱潮從許多方面來看，對學生與大學來說都不是好事，但是我們的重點是這些短暫的熱潮如何促成學術工作的約聘現象。新科系的成長並未帶動長聘教師的成長，箇中緣由至少有三。第一，由就業考量所成立的科系，因爲是過渡性質，且是在回應日新月異的市場，根本無助於終身職教師。學校聘用一位長聘的物理教師四十年是不賠的賭注，因爲物理學會永遠存在；但是機器人原理（Robotics）不會，或許在二、三十年內，就會由一種我們現在所無法想像的技術所取代。大家認定這些新興領域都將十分短命，追逐的潮流無法完全預知，但我們可以肯定的是隨時都在變動。大學根本就無意找長聘教師來監督這些事。

第二，因爲從就業來考量的科系並不遵循傳統學門，也就不會有博士排隊等著要接手那些新開出來的少數教師缺。總之，大部分以就業考量的科系都少了學者的投入，因爲這些科系完全是工具性與功能性的，無須批判性的知識。所以這些缺就會由學歷碩士以下以及有實務經驗的人所填補。從就業出發的學歷促成了職業學校，性質比較接近實習計畫，而非學術課程，也沒辦法讓學者有歸屬感。講白了就是：

「我們更關心就業與技術教育，」阿肯色州立大學新港分校（Arkansas State University Newport）的行銷企劃主任謝里（Jeremy Shirley）說。「全校每一個科系都有

> 諮詢顧問，而我們會調整系所方向以滿足產業需求。這是我們主要的工作，而學校的通識教育與人文課程的存在就只是為了彌補科系的不足。」[27]

「……學校的通識教育與人文課程的存在就只是為了彌補科系的不足。」這和史丹佛、耶魯或歐柏林等學校表現出來的大學本質，完全是兩回事。我們要感謝謝里先生把情況說得如此清楚；我們只能希望每一所大學也都能清楚說出他們學校的核心目標。

第三點也是最後一點，這些爲了就業準備的科系也拋出了關於大學學歷的本質與必要性的關鍵問題。如果雇主眞的只是要找個實驗室的技術人員，爲什麼他們要在意自己未來的員工在社會學或文學方面的知識，又或者要關心他寫論文或瞭解物理學的能力？老闆要的是一個懂得使用特定設備、遵循標準程序、遵守一定的安全與品質協議、面對突發狀況懂得應變，以及寄電子郵件不會讓公司丟臉的人。五、六門課程就可以達到上述目標，根本就不需要剩下的三十四門課。

獎章可以代表不同程度的努力與投入，包括一些更細緻的技能或成就，有時候代表

27　引自 Smith, "Arkansas College Finds Success in Male- Dominated Fields."。

的是微小且（或）很特定的能力。所以，獎章承載的是特定的承諾，證明成年人在基本教育方案中所學到的技能，他們之中有許多人幾乎沒有正式的證明（例如畢業證書），但是假如有個機制可以證明他們的技能與知識，獲得的實務技巧就可以在職場上受人重視。[28]

人們漸漸以獎章與證照來說明他們在不同任務中所展現的能力，每一個求職者都可以像個女童軍似地炫耀自己有幾十個獎章。求職者會對著面試官的攝影機拿著自己的智慧型手機，而面試官可以從履歷上看到他們得過的獎章、求職信的準備、在社交媒體的發言，還有專業的回應、電子郵件以及備忘錄。知識的內容必然要與課程的內容與課程的提供者相匹配，精心策劃的課程會被個人化的細小技能累積所取代。

由傳統的學門轉向一系列為了就業而準備的新科系，導致約聘老師幾乎是無法避免的事。這使得學術生涯的持續性、學門的穩定性，還有對批判性學者訓練的需要完全消失。這代表著高等教育「走向應用」（app-ing）。有錢的專業人士和管理階層子女就讀的學院不會面臨這種壓力，學校的穩定性讓老師與學生同樣安穩。

勞力密集……但是哪一種勞力？

> 我很驚訝我的同輩們有那麼多人認為自己正在做年輕老師的事務，他們已經變成資料管理人員、女科學家的倡議者或從事一些非教學工作。我有一些同事到頭來就是負責一些學校的活動，例如遊學。去做一件與教學相關、但他們原本並沒打算要做的事。
>
> ——保羅，兼任十年的老師

一如既往，有錢的人會更有錢，而一開始什麼都沒有的人得到的也是最少。但這個問題的收入面是如此有趣，我們也來看一下支出面吧。

雖然我們可能受到大規模網路學校的想法所誘惑，像是五萬個學生對一個老師的大規模線上開放課程（Massively Open Online Courses, MOOCs），但是大多數的高等教育依然是一個面對面的教學奮鬥過程，一批年輕學子跟一位年長者擠在一間教室裡面討論觀點。好的教學與學習一直是個勞力密集的過程。如一位接受我訪問的菁英學院教務長所說：「當大規模

28 Finkelstein, Knight, and Manning, "The Potential and Value of Using Digital Badges for Adult Learners."

表5　大學職員人數（每千名學生），2000年到2012年

	研究型大學		有碩士班的大學		只有大學部的學院		社區學院
	公立	私立	公立	私立	公立	私立	公立
2000	317	434	172	216	184	262	191
2012	301	456	172	243	184	277	175
變化（%）	-5%	+5%	-----	+12%	----	+6%	-8%

資料來源：Desrochers and Kirshstein, "Labor Intensive or Labor Expensive?"

線上開放課程在幾年前大行其道時，學校的董事會裡就有些董事在討論要開始發展遠距教學。我經常告訴他們，本校的遠距教學就是一張桌子的距離。」

不過我們近幾年來看到，教育勞力密集的本質並未為其增添第一線的教學人力，而是增加了財政、營運、入學審查、獎助學金、資訊科技、學術諮詢、醫療與募款等方面的專業行政人員。美國研究學會指出：「從二〇〇〇年到二〇一二年之間，專業職務每一年平均增加2.5%到5%之間……專業人員現在大約占學校職員的兩成到兩成五左右。」[29]

當然，分類的方式稍有不同，而表5是美國研究學會針對各類型學校職員變化的簡單說明。表格中的數字代表著每一千名學生有幾名職員。私立大學允許學費適度調漲（而且他們的投資也是做得有聲有色），增加各學習階段的職員，但是公立學校政府補貼刪減導致中產階級學校的職員人數維持不變，而在光譜兩端，主管子女就讀的州立

研究型大學以及工人階級子女就讀的社區學院補助則是減少。如果再加上無關學術的專業工作職員大幅增加，高等教育的經營變得愈來愈複雜，我們就可以輕易看出聘請老師這件事所要承受的壓力。

狩獵遠征軍：招生與募款發展

當學生人數難以捉摸，州政府的撥款不再大方，學校也就必須不斷地尋找新的收入來源，而在不同的學校也會看到截然不同的處理過程。在工人與中產階級的大學裡，學校與雇主之間的合作相當熱絡，雙方會一起腦力激盪找出新的管道來填補當地企業的需求。州政府以及聯邦政府的教育部門對此事樂見其成，主要把教育看成一種「勞動力的發展」。

> 僅僅是過去四年來，政府就已經投入約二十億美元給七百所社區學院，讓它們與企業主合作，一同設計教育與訓練計畫，以便訓練工人從事當地經濟所需要的工作，例如醫療、資訊科技與能源。這些計畫相當有前途，到二〇一四年底為止，有超過一千九百

29 Desrochers and Kirshstein, *Labor Intensive or Labor Expensive?*, p.7.

個全新或修正過的訓練計畫已經展開。

——美國教育部新聞稿，二〇一六年[30]

中產階級的四年制大學也是如此，但它們也有其他選擇。它們增加碩士班，吸引那些認眞且有足夠意願的人再花兩到三年的時間證明自己的能力（他們早就發現大學學歷不再能證明自己與一大群工人有何不同，因爲年紀在二十五至二十九歲之間的所有成年人之中，有超過三分之一擁有大學學歷）。[31]這也是近年來有那麼多州立學校把校名從「學院」改爲「大學」背後的緣由：大學有碩士班，而且碩士班不斷增加。過去二十年來，有碩士以上學歷的年輕人比例已經翻倍，現在超過10%。[32]

每隔幾週，《美國高等教育情報》（*Inside Higher Ed*）會公布全美國各大學新成立的科系與研究所。僅在二〇一七年第一季，全國總共就成立了三十九個新的系所。其中超過一半是碩士班。這是高等教育在大學部飽和之後新發展而成的泡沫經濟：

- 一個認證課程：汽車服務管理的認證課程。
- 三個聯合學程（associate's programs）：平面設計、資訊安全與智慧以及3D圖像技術。

- 十一個學士班：農業經營、公共衛生（兩個）、流行產業與技術、海洋學、犯罪學與刑事司法、健康科學、風險管理與保險、數位行銷管理、醫療專業（health professions）和行為神經科學（behavioral neuroscience）。
- 二十一個碩士班：全球與社區衛生、司法研究、商業分析（business analytics）、古蹟研究與公共歷史、網路安全風險管理、心理學（線上課程）、永續發展、商業分析、應用兒童與青少年發展（兩個，其中一個是線上課程）、遺傳諮詢（genetic counseling）、時裝設計、工程創業（engineering entrepreneurship）、領導能力、管理、會計、傳播媒體藝術、虛實整合系統（cyber-physical systems）、營運管理（operations management）、電影研究和跨大西洋事務。
- 三個博士班：兩個專業式教育博士（EdD），一個是高等教育領導（線上課程），另一個是衛生專業。最後一個是西班牙文創意寫作的博士（PhD）。

---

30 US Department of Education, "Strengthening Partnerships."

31 National Center for Education Statistics, "Percentage of Persons 25 to 29 Years Old with Selected Levels of Educational Attainment."

32 Ryan and Bauman, "Educational Attainment."

新辦的系所不但需要老師，也需要協調人員、招生人員、顧問、圖像資料與行銷人員。它們的編制提高了資金與行政空間的需求。

中產階級的州立大學也一直很努力試著吸引更多外州學生與國際學生，它們的學費比較高，經常是本州民的兩到三倍。這使得每一所學校都要參加行銷競賽，對吸引消費者有更大的壓力；校園裡老掉牙的攀岩牆和美食廣場就是這場競賽所產生的結果，那些全是學生一想到大學就覺得該有的東西。大學迫於現狀，只能從最基本的層次推銷自己：**如果我們的課程跟其他學校如出一轍、我們的老師也跟其他學校大同小異，也許我們的飲料吧會獲得青睞。**這也使得學校被迫增加招生預算並增加招生的代表，招生業務人員的任務就是從不斷減少的中學畢業生裡頭，維持或增加自己學校的註冊人數。

小康專業人士子女的學校也成立了一些碩士班，但基本上還是把學費當成一個浮動變量（floating variable），一如既往吸引生活優渥、有空閒時間的小孩來就讀。它們會舉辦大型募款活動，而那些生活優渥且忠誠的校友們就會響應學校的要求，進一步捐贈給親愛的母校。威廉斯學院（Willams College）、波士頓學院（Boston College）和阿默斯特學院（Amherst College）都躋身二十億美元的捐款俱樂部，假如把門檻降低到十億，就還要加上波莫納學院（Pomona）、衛斯理學院（Wellesley）、斯沃斯莫爾學院、格林內爾學院、史密斯學院、鮑登學院（Bowdoin）、伯里亞學院（Berea）和米德爾伯里學院。[33]

眼見其他更好的學校成功募款，各種大學都將種子資金（seed money）投入發展辦公室或校務推動辦公室，培養潛在的捐助者並爲新的計畫寫募款書。他們還設置研究計畫補助辦公室（offices of sponsored research），這是另一個協助老師寫補助申請書並管理研究獎勵的團隊。這兩項方案不只代表要聘更多員工而已，這還表示，即使它們很成功（而它們通常拿不回自己投資的錢），它們的角色還是會進一步把情況弄得混亂複雜。大學經常想像募款收入以及研究補助是「可供自由運用的經費」，但是捐贈本身就導致了不穩定。

學校永遠有可能投入更多金錢追求教育的品質，所以學校會不斷提出新的計畫，然後再去搶錢來支付這些支出。幸運的是，永遠都會有人或機構願意支持學校新的提案……算是吧。這些慷慨大方的靈魂，無論是個人捐助、家族基金、大型基金會或聯邦機構，都有自己的社會目標；他們會捐錢給一些大學，以推動他們自己複雜的使命。每一筆補助或捐贈的溝通協商，都變成一次不完美的價值調整。假如沒有持續的專注力，大學可能會爲了募款的需要而偏離自己的核心使命，每一次新的提案都會讓大學跟過去稍有不同。經過十年、二十年或五十年之後，學校就變得面目全非。

---

33 National Association of College and University Business Officers, "U.S. and Canadian Institutions."

在營利導向的世界中，這一點都不重要。美國鋼鐵公司（US Steel）的主管在一九八〇年代被問到面對大量工廠關閉如何持續生產鋼鐵時，他們回答：「我們不生產鋼鐵，我們賺錢。」[34]這裡面沒有什麼複雜的核心價值，就只有錢。因此，他們很輕易地退出一個領域，再轉移到另一個領域，從板金轉到結構用鋼材，再到鐵礦開採。麥當勞不是生產漢堡，他們是賺錢。他們賣麥克雞塊、水果優格帕妃，以及麥當勞咖啡的三葉草巧克力脆片。也許明年他們會開始賣麥克手機（McPhones）、麥克香皀（McSoap）以及麥克調酒（McGin'n Tonic），錢本身就是使命。

當代熱衷於追求「公司型政府」，大學也投入到一個流動的、企業式的以及風險投資的環境中，我們往牆壁砸了很多計畫，再看看有什麼黏在牆上。每個新計畫本身都很有道理；作爲計畫的投資組合、作爲計畫的系統，它們徹底改變了學校。我們建立了企業型大學，然後對每個人如此過勞工作感到驚訝，又對大學的使命感到困惑。我們爲自己帶來的亂局感到心煩氣躁。

除了單純的捐贈之外，學校還提高對研究與學術生產力的期待，希望可以吸引到研究補助及企業研發合作的伙伴，像是一些重要的機構。這就像大學的美式足球，除了少數大學之外，一般大學的研究幾乎都是賠錢貨。全美大學運動聯盟（NCAA）表示，只有二十四所大學的美式足球校隊替學校賺到錢，平均來說，即使是實力堅強、有資格打杯賽與錦標賽的學校，校隊20%的開銷都是來自於學校的經費。[35]他們的希望是學校對美式足球的支持可以由其他管道獲得回報，例如招生、知名度以及校友的認同與捐款，即使這並未得到證實。

研究補助也一樣是在爭取大學的公共形象。此外，研究也和足球一樣，除了少數非常非常成功的大學，研究補助基本上無法涵蓋所有的經費。俄亥俄州立大學前校長凱倫·霍爾布魯克（Karen Holbrook）在二〇一四年寫道：「大學研究的實際開銷遠大於它能獲得的研究補助。調查研究人員需要較大筆的行政財政支持，也要找到新的外部補助來源以支付間接費用，例如行政人員、設備、教育資源和差旅費。」[36]到頭來就是花很多錢養一隻金雞母。

每一次新的提案，無論資金來源或最終成功與否，都會改變整個生態體系的其他部分。會有新的委員會與協調工作所帶來的挑戰，也需要空間和設備，會計與人力資源也會有要求。還沒滿額的課要有人來上，差旅費與會員年費需要補助。此外，計畫結束時，就要考慮長期性的問題：這件事值得我們用自己的經費繼續做下去嗎？計畫要成爲學校的一部分，或者只是在我們學校過個水就分道揚鑣了呢？如果把計畫納入，我們又離自己的使命多遠呢？

這些計畫也爲高等教育的工作場所增添了一時的無常。有一所學校獲得三年資助，可以

---

34 引自 Watkins, "Capital Punishment for Midwestern Cities," p. 118。
35 Knight Commission, *Restoring the Balance*.
36 Holbrook and Sanberg, "Understanding the High Cost of Success in University Research."

聘一些「非編制的員工」（soft-money employees）以及一些博士後，這些人在補助用完時可以毫無顧慮地甩掉。終身聘的教師拿到榮耀（升等、出版和名氣）；其他人則是可以短暫地勉強餬口，一邊工作同時還要一邊看著求職廣告。大學會宣傳新成立的碩士學程，但是當這個學程在五年後結束，就不會發布類似的新聞稿，而留下來兼課的老師也不再有用武之地。

不只是更多學生，也要更多元

……學生發起校園遊行，向校方表達訴求。他們新學年想要有五位新的輔導員（counselor），其中三個要是有色人種，「以反映哈維穆德學院（Harvey Mudd College）在健康計畫上日益增長的需求，反映並滿足學校日趨多元的學生群體。」學生在網站詳述他們的訴求。他們寫到，在二〇二一到二二學年度之前，學校對於心理健康的補助每年應該增加25％。他們呼籲公開學生事務辦公室的預算，同時校內六個代表少數族群利益的社團，每一個應該都另外多給三千美元補助。行政單位也應該要在學院的新教學大樓中為這六個社團開闢專屬空間。

傑里米．鮑爾沃爾夫（Jeremy Bauer-Wolf）〈哈維穆德取消課程〉。[37]

大學會屹立不搖的迷思基於一個歷史眞相：教育事業是建立在安逸的老傢伙教導輕鬆的小夥子這項傳統之上。他們的安逸，一部分是因爲財務，一部分是因爲家長式權威，還有一部分是因爲種族。相對來說，女性、有色人種、LGBTQ+、國際工人以及其他非白人、非男性、非異性戀、非本地的學生成爲大學部學生主體，是最近才有的事。

這並不令人意外，一個在歷史上由白人男性自我選擇而形成的棲息地，自然無法輕易容下一個更多元的社群。[38]這種格格不入經常不是故意的，而是出於困惑、一種驚訝以及善意的理解。「哦，原來不是每個人都跟我一樣？天哪，我來調整一下。」調整通常是從上至下，由教師和行政委員會發起，因此無法回應學生經歷的眞實情況。調整往往來得倉促，請注意，因爲受調整影響最深的大學部學生也是學校裡變動最大的一群人，假如要做任何事情好讓大二學生在校內有更好的體驗，最好就要在一年內落實。而且他們通常不大願意調整，因爲那些在學校存在已久的成員，對於他們擁有以及知道的事情習以爲常，也相信這一切都是理所當然。光是承認擁有特權就絕對不是一件簡單且讓人舒服的事，更別提要放棄其中的一些特權。

37 Bauer-Wolf, "Harvey Mudd Cancels Classes."
38 Stewart, "Colleges Need a Language Shift."

但是過了五十多年，出現了一些緩慢細微的改變。其中一些是聯邦政府的法令規定：英語習得、語言強化與教育成就法案（English Language Acquisition, Language Enhancement, and Academic Achievement Act，Title III）、教育法修正案第九條（Title IX）及聯邦三重計畫（TRIO programs）已經生效，支持女性、家族第一個大學生、返校的成年學生以及有色人種在大學裡取得成績。其中一些是地方與非正式的改變：拉丁人（Latinx）小組的發展、女性專業指導網路，或是為酷兒（queer）年輕人找到合適導師的「安全空間計畫」（safe space program）。還有一些是廣泛共享，但針對特定地區：廣泛採用各式各樣有高度影響力的教育實作，例如大學生研究計畫、新生學伴計畫、以社區為基礎的教育，這些全都已經證明能促成學生的參與及成就。[39]

因此，大學已針對學生支持性的特定領域（學術、社交與情感）成立新的辦公室。例如，有超過七百所大學是大學生研究理事會（Council on Undergraduate Research, CUR）的會員，其中許多學校都設有正式的大學生研究辦公室；大學生研究理事會中發展最快的部門之一是由大學生研究計畫主任組成的小組。有超過一千所大學是校園協定（Campus Compact）的會員，這是一個致力於讓學生在周遭社區服務的環境下學習的組織。新生體驗籌劃人員、服務學習主任、實習生辦公室、跨課程寫作、榮譽計畫、女性中心等，實在是不勝枚舉。[40]專業組織常見的策略之一是呼籲成立「××辦公室」去處理他們偏好的議題，並表示校方的支持。校園協定的網站明確指出：「代表一個想法在學校受到重視最清楚的指標就是有自己的辦公室。」[41]

學生輔導與過去作法完全不同，現在已經擴及國際學生支援、外語職員、學習障礙專家以及照顧飲食失調和擔心身材變形的學生。據估計，全美大學生有10%以上是單親媽媽，因此，工人階級和中產階級子女就讀的大學也逐漸涉入育兒業務。[42]

許多研究都發現，學生服務支出的正面影響，對工人階級與中產階級這些高風險人群最多的學校最爲顯著（這是依照領取培爾助學金〔Pell Grants〕的比例較高與入學測驗成績較低去測量而得出的）。[43]國家發展教育中心（National Center for Developmental Education）指出，補救教學應該只是整個學生支持網絡的一環，此外還要處理學生情緒復原力、食宿安全、醫療保健、法律援助以及完成學業常見的阻礙。[44]教導那些經濟無虞、學業上已有所準

---

39 參考印第安納大學（Indiana University）研究小組所做的整理，National Survey of Student Engagement, "High-Impact Practices."。

40 See, for instance, Field, "Stretched to Capacity."

41 Hensel, ed., "Characteristics of Excellence in Undergraduate Research"; National Postdoctoral Association, "Recommendations for Postdoctoral Policies and Practices"; Campus Compact, "Office for the Community Agenda."

42 Kruvelis, Cruse, and Gault, "Single Mothers in College."

43 Webber and Ehrenberg, "Do Expenditures Other Than Instructional Expenditures…"

44 Boylan, Calderwood, and Bonham, *College Completion*.

備、年齡在十八歲至二十二歲之間的學生相對容易；儘管整體的補助仍有很大的不確定，但工人階級和中產階級學校在學業和學生服務方面獲得的成長最多。

面對日益多元的學生，這些強而有力且豐富的回應方式卻也同時在無意間促成了約聘教師的增加。美國研究學會發現，僅在二〇〇三年至二〇一三年之間，學校在學生服務和學術支援的開銷成長就要比教學的支出快得多。[45]這些專業人員個別的開銷，大約就和一個新進教師的薪水與福利差不多，因此這幾乎就是一對一的問題：我們是否聘用物理、數學或人類學的老師？或者我們聘一個跨課程的寫作課主任？國際學生事務的主管？亞裔文化中心（Asian American Cultural Center）的主任？還是新的心理諮商師？校方會覺得哪一個最可能帶來好處？哪一個最有可能讓我們至少能申請到部分的補助？即使風向改變，哪一個我們最有可能永遠支持？

這些當代高等教育的新舉措對學生有利有弊，因爲幾乎可以肯定地說，大家都不歡迎龐大的約聘教師加入任何一個。兼任教師不會受邀參加針對社區參與學習的專業發展工作坊，也不會受邀讓他們的學生加入他們（沒有補助也常常不存在的）的學術活動成爲研究伙伴。他們受訓加入支援LGBTQ+學生的安全空間，或者是參加支持自閉症學生的工作坊，全都不會有任何酬勞。他們甚至不清楚學生在學校到底有哪些資源可用。[46]

如此一來，這些科系運作都是爲了達成各種不同的目標，一方面服務工人階級與中產階級學校的學生，同時又造成他們利益受損。排名較差的學校有少部分老師會加入極具影響力的活動，並受訓加入學生支援，因爲校方願意投資的長聘老師較少。目前的學術和學生支援活動全部都要靠學生的參與，讓年輕人覺得自己屬於知識界；這樣做會有效，基本上是因爲它促進了師生之間緊密的一對一關係。而我們聘了一大批這樣的老師，卻無法與學生建立緊密關係，學校是自廢武功。[47]

這件事的弔詭之處在於這一切的服務幾乎都曾經由學校的老師所提供，在有錢的學校裡，大致上還是由老師在做。校內各種極具影響力的舉措，每一項都是老師在日常工作中所發展出來的。輔導有困難的學生是在老師的辦公室進行，學術諮詢、爲學生鋪設一條路好讓他們穿越有著各種觀點的花園，則是由個別的老師完成。但是，這些作爲都是獨一無二，且充滿特色的，並不是爲了滿足各種多元的學生而開發，也沒有能力跟上州政府與聯邦政府的監管細節（我們下一章會再討論這一點）。專業化的興起是爲了滿足更加複雜的學生需求，也爲了安排更多的機會，而且專業化代表受過專業訓練的雇員——多到數不清的專業雇員。

45 Desrochers and Hurlburt, *Trends in College Spending*.
46 Center for Community College Student Engagement, *Contingent Commitments*.
47 Delphi Project, "Faculty Matter" and "Review of Selected Policies."

每一次改變：服從的代價

每年夏天，大學法律顧問都會參加「全美大學學校律師協會年會」（National Association of College and University Attorneys）聆聽演講，並討論與學校有關的主題。會議也是建立網絡的機會，還可以和其他面臨類似挑戰的人交流。年度會議的內容再加上全美大學學校律師協會年會兩年一次對法律主管的調查，提供深入的議題讓許多律師徹夜未眠。[48]

高等教育合規聯盟（Higher Education Compliance Alliance）的工作是定期更新影響學院與大學的聯邦法規指南。這本指南稱爲「合規內容」，列出了防止學校可能把事情搞砸的各種方法。[49]針對大學的運行，全部分爲三十一類，從學術計畫到環境衛生，從職業安全到人力資源再到性方面的行爲不端。每一類至少都受到一項聯邦法令的規範，有的多達十三種（訊息技術）、二十四種（獎助學金）或四十種（人力資源）。

不可能指望每個老師都隨時掌握「英語習得、語言強化與教育成就法案」、「教育法修正案第九條」、「美國殘疾人法案」（Americans with Disabilities Act）和涉及校園安全的克萊里法（Clery Act），這太不切實際。還有，這幾項都是大型法案，除此之外，大學還要遵守校園性犯罪預防法（Campus Sex Crimes Prevention Act）、戴維斯─貝肯法（Davis-Bacon Act）*1、對敵貿易法（Trading with the Enemy Act）*2、萊柏特公平工資法（Lilly Ledbetter Fair Pay Act）*3、化學工廠反恐怖主義標準規定（Chemical Facility Anti-Terrorism Standards）以及小型無人飛機系統法規（Small Unmanned Aircraft Systems regulations）等數百個法規。其中有許多法規都要求交年度報告，而且每一項至少都要有程序或記錄審核，如果發現有違規，可能還會收到罰款和禁令。監管的環境導致大學要專精於會計、法律、獎補助與學生服務組等事務，更多非教師員工取代了教師。

我再說清楚一些。我相信大學生社群日趨多元是件好事。我們為了讓學生成功而提供支持（不是把新生丟進課堂就希望他們可以突圍）是一件好事。監督不斷強化，以防止學校逃

---

48 Fox, "What Keeps Your Lawyers Awake at Night?"

49 Higher Education Compliance Alliance, "Compliance Metrix."

*1 編註：一九三一年，戴維斯─貝肯法建立「普遍工資標準」制度，規定所有聯邦政府工程契約及經由聯邦協助之工程的大部分契約，必須提供不低於當地普遍工資標準之工資、福利及工作環境。

*2 編註：一九一七年一戰末期時頒布的美國國內法，賦予美國總統在戰爭時期監督或限制美國與其敵國之間所有貿易的權力。

*3 編註：二〇〇九年歐巴馬入主白宮後簽署的第一項法案，推翻美國最高法院判例規定必須於第一次收到不公平工資後一百八十天內提起訴訟的限制，對於就業婦女權益保障頗有貢獻。

避自己的人員、財政與和社會責任，也是一件好事。但是，一切好事都需要經費，也需要安排人員，而上述這些比起終身聘教師更逐漸被視爲高等教育的必要條件。約聘老師的增加因爲各種非預期結果而愈來愈快。

不固定的任務：來來去去的老師

這就是二十一世紀的高等教育。大學招收的年輕人愈來愈多，因此容易受人口變化的影響，使得每學期的入學人數到開學前一天都還無法確定。每個學生流動不固定，從這所學校跑到另一所，從這個州跑到那個州。整體而言，學生內部什麼人都有，非常多元，所以會要求學校的教職員安排要因應生活情況的龐大差異，而這些問題在五十年前的大學根本就不存在。

勞動力市場瞬息萬變、難以捉摸，技術逐漸被視爲分解的、零散的組合；學校對此的回應是設立更多樣化、非固定、追求職業發展的科系。資金補助的結構與產品組成也是日新月異，新型計畫及高低不同的新學位試圖取代過去從穩定又可靠的立法機關所取得的補助。

我們要求大學做的工作愈來愈多，而它們也做得有聲有色。只不過，學校裡的每個人卻因爲彼此緊密的連結而受牽制，因爲每一項決定都影響到校內幾十個或幾百個辦公室。獎助學金就是一個龐大的組織，必須回覆聯邦政府的監督、民間的借貸者還有捐贈的管理者；每間大學內部都有一個跟小鎮銀行差不多的部門。多設備運算（Multidevice computing）、無線連接、學習管理系統，以及建築效率協議，這些東西在我上大學時根本不存在。也沒有大專生研究、服務學習、社區參與或婦女中心的辦公室。每一個可能的決定都需要更多人參與，會議和電子郵件的數量倍增，在各方利益的角力中實現更爲微妙的平衡——疊疊樂遊戲中每抽出一個部分，都有可能導致在毫無預警的情況下整個全垮。

一九七六年的大學放在目前高等教育的環境中完全就顯得乏善可陳，就如同一九七六年的奧斯摩比（Oldsmobile）汽車Cutlass要比現在任何一款車都更不可靠、更沒效率，也更不安全。我們可以懷舊，但現代大學的環境比其過去要複雜得多，服務人數更多、學生社群也更多元。環境複雜導致學校的人員組成重新尋找平衡點，結果就是約聘人員的規模愈來愈大，也愈來愈脆弱。

CHAPTER

6

學院城堡內的安逸者

——制度中，大家對兼任教師視而不見

學生的世界充滿著辨識人才和獎勵人才的機制：當然，某些條件下是人才，另外一些條件下就什麼也不是。我們把三十個讀幼稚園的小孩塞到同一間教室，要求他們做相同的事，有些小孩表現會比其他小孩好。每天重複數十次，一年一百八十天，然後連續做十三年，我們就產生一套相對有效的方法，可以辨別誰做得出我們重視的東西。

有些表現好的人——篩選盤裡留下來的黃金——可以再多做一點；他們被提升到比較高級的任務，需要更大的專注力和更細膩的技巧。然而在大學裡的另外四或五年裡，機器會再篩選一次，其中一些成員獲邀再更上一層樓，進入研究所，同樣的流程再來個五年，或五年以上。

無論如何，機器的設計就像益智問答的節目，不斷挑戰參賽者，以便能夠看出誰好誰壞。這是一個虛擬的現實，是一個保護殼，看似整個世界，但實際上是一種幻覺。我們一時看不出眞假，因爲它看起來如此眞實——我們陷在結構裡頭，它也給了我們內心所渴望的正

面回饋，獎勵我們細心培養出來的、融合了好奇心與服從的古怪特質。

但終有一天，我們會通過所有的挑戰，再也沒有機器餵食我們、挑戰我們、讚美我們。眼前只有一個巨大、不連貫且令人喘不過氣的「就業市場」。

市場以一種獨特、週期性且難以理解的方式獎勵市場所珍視之物，以至於賈斯汀（Justin Timberlake）的樂迷為何比金卡琪（Kaki King）更多，除了事實就是如此，實在沒有什麼想得到的解釋。尼可拉斯・史派克（Nicholas Sparks）*的讀者為什麼比珍妮佛・曾（Jennifer Tseng）還要多，除了情況就是如此，實在也辦法多解釋什麼。這個母體（matrix），也就是這個由挑戰與獎勵所組成的，邏輯嚴謹、結構清楚的系統，已經離我們遠去，而我們現在進入的是完全不同邏輯的體系，一個我們從未得知的體系。一個輕輕鬆鬆就能把我們大多數人都解決掉的體系。

在這個市場體系中，任務更沒有組織、挑戰的機會更少，而回應則是更模糊不清。如今，博士畢業生不需要每年再為自己認識的教授寫十幾篇論文，而是可以在自己的領域每年寫三封求職信，信不知道要寫給誰，連那些收信的人也不知道自己想要什麼——信寄出去之後有如石沉大海，只有留下一句：「很抱歉，謝謝你。」

那些想方設法要越過荒野的少數人，令人驚訝地，竟又重新進入了母體。他們將會再度被賦予具體的任務，按部就班、一步一腳印——設計課程與負責教學、研究與發表、加入委員會以及準備晉升。他們定期會獲得回饋，從而能夠學習，並重新激發好奇心和服從這對肌肉。他們重新被迎入保護殼，走進虛擬實境，接受機械母體充滿愛的懷抱。實際上，他們如今正在幫忙打造母體，而他們會忘記進出不同母體之間那些令人膽顫心驚的空間。

我們討論約聘教師，就不能不提那些位高權重的少數人，他們拿到鐵飯碗，負責提供並監督我們學生的教育。爲什麼教師和行政人員在培養及保護他們高學識的同事上會如此無效？爲什麼打發數百萬潦倒落魄之人是如此輕而易舉？

長聘教師：我找到工作了，你真慘

還有幾十萬個長聘教師，雖然面臨生存危機但還不到絕種。他們每個人都有充分的理由相信自己是因爲能力而找到工作，因爲他們做對一些事，或其他所有人做錯一些事。強烈的後見之明偏誤（hindsight bias）可用來確認自己身上的優點，無論這些優點是技巧、才能、勤奮或毅力。而全國的老師整體來說**都有**很突出的技巧、才能、勤奮與毅力。這些是必備的特質。問題在於，這些長聘教師比起人數更多且準備要站出來取代他們的非長聘教師，是否

＊　編註：暢銷作家，改編作品屢次躍升大銀幕，如《瓶中信》、《手札情緣》、《最後一封情書》等賣座電影。

眞的有更多優點、程度更高？

弗蘭克（Robert Frank）和葛拉威爾都曾經寫過很棒的文章，說明機會是才華與努力之外，成功不可或缺的第三項元素。[1]但是，當成功者並未意識到他們無法掌控的因素在自己的成功中所扮演的角色，就不會想要爲其他人創造成功的條件；他們想像的是，不夠幸運就是不配擁有。

社區學院的院長里德（Matt Reed）在他的《高教評論》（*Inside Higher Ed*）部落格寫了篇迷人坦率的文章，探討了決定老師聘用的隱藏因素。[2]首先，兼任教師的出現，降低了開設一名（或「數名」）專任缺的可能性。

> 在這種特別殘忍的兩難情況下，為一個科目找個兼任教師的程度若相對輕鬆，實際上反而會讓人擠不進來。如果你只聘得起一名專任，歷史系還有另外一個系（就藥學系吧）都想要這個缺，你要怎麼辦？如果好的歷史兼任教師容易找，而好的藥學兼任教師幾乎不可能找得到，你會把職缺給藥學系。

里德接著討論聘人方式如何回應了學生入學模式、補助款減少以及難以捉摸的「適任」（fit）等問題，適任就是一種教師候選人既能幫學校解決急迫問題，又能推動系上大步向前的感覺。

系上有時需要一個和事佬，有時需要一顆火星塞。有時需要種族與性別來讓人口組成變得多元。有時候一個系太過封閉，每個人都來自同樣的一兩個系所，而系上需要新觀點。有時候系上就是需要一個對網際網路無動於衷的人。以上全部考量都和我們經常提到的「能力」一詞扯不上任何關係，但是每個考量都有其道理。

問題在於，一旦擠進終身聘教師之門，拿到工作的人就永遠在裡面了，即使當學校需要改變的時候也是一樣。終身聘的事實增加學者的籌碼，也提高了那些安全上岸者的能力，使得他們自詡爲公平競賽下的勝利者。新聘助理教授可以在擔任老師的前六年證明他（她）身爲一名學者與教授的學識能力；這是所謂的試用期。前六年接近尾聲的時候，這位年輕老師必須經過系上同仁、學院甚至是學科領域中各個同儕的嚴厲審查。一旦審查通過，助理教授就升等爲副教授。升等之後的薪水明顯增加，也保障了終身聘用，一直到退休爲止，除非教

---

1 Frank, *Success and Luck*; Gladwell, *Outliers*.
2 Reed, "Meritocracy and Hiring."

師嚴重瀆職或學校面臨嚴重的財務危機。

長聘制的基本概念，寫在美國大學教授協會於一九四〇年發表的〈學術自由與長聘的原則聲明〉（Statement of Principles on Academic Freedom and Tenure）：

> 研究自由是推進真理的基石。教學方面的學術自由是保護教師的教學權利和學生學習自由的基礎……長聘制是達到某些目的的手段；具體來說：(1)教學和研究以及校外活動的自由；(2)充分的經濟穩定程度，確保教師這一行能吸引到有能力的男女。因此，自由與經濟穩定，也就是長聘制，對於學校成功履行對學生與社會的義務，乃必不可少的一部分。[3]

支持長聘觀點的人指向第一點，學術自由來自於不必擔心是否有不討喜的想法會讓自己被開除。批評長聘觀點者指向第二點，納悶爲什麼有任何地方或任何人應該永遠有一份工作。[4]事實上，第二點有點像是蒙混進來的；美國大學教授協會聲明中的崇高理想根本就沒提到教授的經濟穩定。而前一份在一九一五年發表的聲明，也僅在涉及表達不受歡迎的思想與研究發現時才提到工作穩定，而非在討論經濟上的幸福。大蕭條之後對失業的恐懼，乃源於物資稀少而衍生的問題，當時甚至只有4%的成年人口大學畢業，那時「吸引有才能的男女」是一個重大問題，但這個問題現在早已消失。如今有才能的男女俯拾即是，但大部分都處在專任教師這份工作的避風港之外。

走廊上的遊魂：約聘教師的制度性隱形

> 一直到十五年前左右，不論是教師評議會議或校務會議，都還沒有兼任教師代表參加。英文系邀請兼任講師參加課程會議、研討會、社交活動，但並不會參加升等、終身聘用以及聘人相關的系務會議。我的意思是，我們這邊有兩百五十五人，而他們有五十五人。
>
> ——安妮特，四十年兼任教師

兼任教師對大部分的教職員來說是隱形的。約聘人員領薪水並不是爲了來開會，而且總

---

3 American Association of University Professors, “1940 Statement of Principles on Academic Freedom and Tenure.” 為了跟上學術界的深思熟慮，他們從一九三四年就開始構思這篇八百五十字的聲明。

4 這個分歧就類似於長時間從事兼任講師的約翰・華納（John Warner）對於終身聘所做的區分，一種是「終身聘是原則」（tenure as principle）（學術自由的保障），另一種是「終身制是政策」（tenure as policy）（勞動關係的一種模式）。請見：Warner, “19 Theses on Tenure.”

之他們也沒有太多時間開會，所以了，即使是那些開放兼任教師參與更多討論的少數學校及科系，兼任教師出席的機率也不大。（當然，這在專任教師看來，進一步證明了兼任教師的興致缺缺。）

但更大的眞相是，即使是長聘教師，在日常工作的瑣碎事務中，他們對彼此而言也常常是隱形的。部分原因是每個老師都很忙，另外則是因爲學術自由的文化使然。一個老師坐在另一個老師的課堂裡是極爲罕見的事；一旦眞的發生，通常是系主任或院長去巡堂，而非同事好奇其他班的上課情況。教學是一種孤立的文化，人們對它表示崇敬，但卻很少眞正探索教室這個密封盒裡發生的事。

甚至對長聘教師來說，終身聘用的結構指的是，系上所有的同事是在幾年後考慮給他（她）長聘的時候，才會詳細閱讀他（她）寫過與出版的論文，然後又過了幾年、在審查他們從副教授到教授的升等時，才會再看一遍。就這樣，整個職業生涯中兩次。至於兼任教師，外界對於他們研究情況的支持或興趣甚至更少，所以唯一需要審查的是學期末的教學評量，並且由系主任一人完成。

這造成了非長聘教師卑微的努力受到那些地位高的長聘教師雙重的漠視。第一重漠視是因爲所有教師都一樣，沒人知道其他人的教學或研究情況。第二重漠視是因爲約聘人員在更大的組織、系上與教評會的結構中根本就沒有任何立足之地。

行政人員的左右為難

分工治理在高等教育裡的傳統角色很簡單：教授和行政人員在校務上各司其職。教授（不論是個人或集體）制訂課程，爲學生和同事設定學術標準，並爲校方訂定學術議程。如果問題的本質涉及知識，那就是教授負責。另一方面，行政人員負責籌措和分配資源——時間、空間、人力和財務資源。

我們常聽到教授說自己有個同事成爲院長之後，就「變成邪惡的一方」，好比以星際大戰中的反派人物達斯．維達（Darth Vader）和路克．天行者（Luke Skywalker）來比喻本性善良的人努力共同攜手管理一所學校。我想在這件事上選擇自己的立場，拒絕以「邪惡的行政人員」作爲約聘教師增長的解釋理由。不久前，大多數行政人員本身也是教授，他們不太可能被某個不爲人知的管理王國吸收成爲雙面間諜。並沒有什麼遠在天邊的股東要求當地分公司的經理壓低薪水來增加獲利。同樣地，讓我們從生態系統、角色和調適等方面思考這個問題。

學術管理（academic management）自成一門學科，有自己的知識體系、自己的會員社群及人際網路、自己的期刊和會議。正如社會學家去參加社會學會議，院長和教務長也參加學術行政會議。正如社會學家借用其他社會學家高明的想法，院長和教務長也會借用同行「最好的作法」。當他們開完會回來，順勢帶回入侵的物種——一些在其他地方會很精彩，也可能讓它們自己的景觀更有吸引力的想法。有時候引進的物種無法生根：土壤不合適或氣候太冷。但有時候，新想法因太過競爭，擠掉許多原先生氣勃勃的物種。畢竟，管理員控制了資源；如果他們有個特別偏愛的想法，就會不斷滋養它。這建立了一種相似性，使得成千上萬的工人階級和中產階級大學顯得多餘，除了有地區性的便利和籃球隊比賽之外。

問：需要幾位教授才能換一個燈泡？

答：換?!嘿，兄弟，換燈泡是專業學術服務，這是二流的州立學院啊！

行政人員要面對快速變遷的需求，而教授無須面對。讓我們這麼說吧，假如有一間學校覺得學生對數字不怎麼在行，教務長可能會要求校內的老師開發一套跨學科數學課（math-across-the-curriculum, MAC），這件事前後可能要吵個六年，最後再用一個新的名字套在現有的作法上；或者，教務長可能會成立一個跨學科數學課程的辦公室，聘一位新的規劃人員，讓辦公室兩年內動起來，快速的進展表現出善意及行動。教員深思熟慮、討論再三，有如冰河移動的速度一般緩慢，這使得行政結構的果斷行動更有吸引力。

我遇到的每位教授聽到「教授會議」時都會露出一種耐人尋味的眼神。教授會議必然是一件苦差事。但爲什麼呢？答案很簡單。學者的整個職業生涯都是在已有定論的知識範圍內發現問題。他們在我們所知的領域邊緣切出一個很小很小的氣泡，然後把一切精力和智慧集中在精確定義或重新定義這個小問題上，或是把小問題複雜化。

找來一百個這樣的人，給他們一個政策做審查。你認爲事情會順利嗎？沒有人會去注意政策中每個人都同意的那百分之九十。反之，每個參與者都專注在一個不起眼的問題、一個愚蠢的用語以及一個未公開承認的衝突上面。不久，由於每個人都在拉自己最喜歡的那條線，整塊布料也就分崩離析。教授以自大、吹毛求疵著稱，因爲這就是他們得以成爲教授的重要特質。他們接受了幾十年的訓練，就是爲了要找出思維上的缺點或漏洞，好讓自己可以充滿自信地說，自己已經好好分析過問題，並提出了適當的解決方式。教授治校用的是學者最好的特質，卻是用得一塌胡塗。難怪行政人員在不同的時間壓力下會試著繞過教授來完成工作。

行政人員代表的文化不同於學校裡的教授，其特色是一心多用的文化。他們的眼睛必須同時盯著幾十個系、幾十個校園行動方案，也要在各種鳥事延燒前就先滅了它。我當院長的時候，領薪水就是爲了任人打擾；我大部分的工作都要協調，而不是獨力完成。學術界人員與行政人員對時間的看法不同，學者需要一段連續的時間：實驗室裡的幾個小時、電腦前文字處理的幾個小時、需要到田野待上幾個月。但每分每秒不間斷的壓力使得行政人員忘了，並且認爲每個人隨時都有時間可以來開協調會議、報告、回覆電子郵件以及要求評估資料。關於這件事最簡單的想法就是想成會議是**屬於**行政人員的職責，而會議**干擾**了教授的工作。

> 沒有什麼事情比院長剛開完會回來更危險。
>
> ——哈利（Harry），院長，中產階級州立大學

由於責任實在是五花八門，行政人員涉入的專業團體多過學校裡任何一個教授。他們參加同類型學校的全州或區域型協會及組織——天主教學院、人文學院、藝術與設計學院、法學院、研究所。他們參加特定組織的會議，推動特定的學習架構——服務學習、新生講座、後設認知反思（metacognitive reflection）、總整課程計畫（capstone projects）。他們參加各個認證機構舉行的會議。他們參加有助於協調、說服以及財務管理等分內工作的會議。任何一位院長出差開會的次數比六個教授加起來還多；這得花錢，而且出差還會把開會中常見的危險帶回來，帶回混雜衍生的想法，並把想法隨意散播給新伙伴。

因爲高教企業涵蓋的規模與範圍愈來愈廣，負責監督的人也就承擔愈來愈密集且複雜的管理任務。因此，主管的薪水愈來愈高，校長有七位數薪水雖然不算尋常，但也不再罕

見。（三十九個州之中收入最高的公立學校職員是大學籃球隊或美式足球隊的教練。[5] 當收入最高的是學術人員時，極有可能是醫學院院長同時擔任校長。）儘管主管的薪水與愛瑪克（Aramark）*公司的合約或實驗設備花費比起來有如杯水車薪，但是當那些薪水超出約聘人員二十倍的人唸著要減少開銷的時候，還是令約聘人員感到惱怒。

不管薪水是否獲得保障，資深行政人員的工作都很不容易，常常要處理瞬息萬變的需求，需要跟校外的伙伴合作、也要跟校內的人合作，使自己符合專業與立法的標準。如此一來，也減少了個別學校的獨特性，帶來更多的壓力去注意枝微末節的差異，而非注意基本上的區別就好。官僚體制裡的天才把天才變成了官僚，吸收有啓發性、有風險的想法，然後把它們葬送在結構中的安全層。我們愈朝向標準作法靠攏，高等教育變成亞馬遜（Amazon.com）網路商店的日子就愈快來臨。

5　Fischer-Baum, "Is Your State's Highest- Paid Employee a Coach? (Probably)"

*　編註：美國管理服務公司，為各行業提供食品服務。二〇二〇年名列美國五百大企業中第兩百名。

心照不宣的第三方

高等教育的入侵物種，不僅隱藏在個別行政人員出差帶回來的行李之中，也透過一些組織的會員身分及認證標準，讓自己依附在宿主學校裡頭。底下是一所中產階級州立大學參加的組織清單：

- 工程及技術教育認證委員會（Accreditation Board for Engineering and Technology）
- 美國健康教育協會（American Association for Health Education）
- 美國化學學會（American Chemical Society）
- 美國外語教學委員會（American Council on the Teaching of Foreign Languages）
- 國際兒童教育學會（Association for Childhood Education International）
- 國際航空認證委員會（Aviation Accreditation Board International）
- 聯合健康教育計畫認證委員會（Commission on Accreditation of Allied Health Education Programs）
- 運動訓練教育鑑定委員會（Commission on Accreditation of Athletic Training

Education）

- 社會工作教育委員會（Council on Social Work Education）
- 大學生研究委員會（Council on Undergraduate Research）
- 諮商及相關教育課程認證委員會（Council for Accreditation of Counseling and Related Educational Programs）
- 教育領導力組成委員會（Educational Leadership Constituent Council）
- 聯邦航空管理局（Federal Aviation Administration）
- 國際閱讀協會（International Reading Association）
- 國際科技教育學會（International Society for Technology in Education）
- 州際教師執照協議（Interstate Agreement for Educator Licensure）
- 全國幼兒教育協會（National Association for the Education of the Young Child）
- 全國音樂學院協會（National Association of Schools of Music）
- 全國藝術與設計學院協會（National Association of Schools of Art and Design）
- 全國公共行政學院協會（National Association of Schools of Public Affairs and Administration）
- 全國社會研究協會（National Council for the Social Studies）

- 全國教師教育認證委員會／教師準備認證委員會（National Council for the Accreditation of Teacher Education/ Council for the Accreditation of Educator Preparation）
- 全國英語教師委員會（National Council of Teachers of English）
- 全國數學教師理事會（National Council of Teachers of Mathematics）
- 新英格蘭學校和學院協會（New England Association of Schools and Colleges）
- 健康與體育教育者學會（Society for Health and Physical Educators）

這裡頭的每一個組織優先考慮的都是正常發展，確定得到授權的學校並未太過偏離總部的操作手冊。每個組織都要發薪水聘用固定員工，每個會員也需要經費繳交會員費與開會的旅費（學校不會爲約聘人員負擔這些成本，因此讓這些兼任教師進一步被過去的學術同行邊緣化）。[6] 每參加一個組織，都需要花時間做志工服務及專業參與。每個組織都需要報告系上或學校的作法。每個學校也都需要調整校內的課程以符合更大的利益。每個組織藉著增加互認學分以瓜分學校的教學經費，努力推廣約聘人員（但是依然把支出放在「教學」〔instruction〕這項含糊的預算分類，讓它們看起來比實際上更不具傷害性）。

接下來就是增設州和聯邦工作小組，每個小組都提出「常識性的要求」（commonsense request），這些要求分別來看都合理，但實際上卻掩蓋了根本的變化。例如，維吉尼亞州高等教育委員會（State Council of Higher Education for Virginia）宣布公民參與是「核心能力」，每個會員將針對這一點進行評估。[7] 北卡羅萊納大學系統的成員將被要求在校園所在地區的經濟發展發揮作用。[8] 佛蒙特州教育局（Vermont Agency of Education）負責實施州議會的〈彈性就學倡議〉（Flexible Pathways Initiative），敦促會員要設計提早入學與大學先修方案（dual-enrollment programs），讓中學畢業生進入大學。[9] 每個單位都努力讓自己獨特的方案更加完美，讓每所大學在嘗試整合無數相互競爭的利益時瘋狂拉鋸。

高等教育不只有全國數千所看得到、算得出來的大學。高等教育也包含成千上萬個影子組織（shadow organizations）——專業學會、智庫、私人基金會、立法夥伴和認證機構——每一個都聘請了專業和非專業人員、舉辦會議並消耗差旅基金、發表工作日誌和通訊報、發送電子郵件，並接受會員擔任義工奉獻。雖然鹿宿主抱怨自己貧血，但寄生的鹿蜱（ticks）卻吃得肥滋滋。

---

6 Flaherty, "Article Sparks New Round of Criticism."
7 State Council of Higher Education for Virginia, "Statement on Civic Engagement."
8 University of North Carolina System, "Economic Engagement."
9 Vermont Agency of Education, "Flexible Pathways."

保護特權

這三組穩定的人馬——終身聘和長聘教師、行政人員和主管、無數共生組織——每一組都有充分的理由要保護自己的草皮並漠視護城河外的需求。他們看到了資金不夠穩定的情況，並在整體收入下滑的環境下維持自己的養分吸收。他們有明確的議程要推動，而且可以全神貫注在那些提案，即使這樣做危及了更大的使命。

此外，後見之明偏誤是一股強大的心理力量。高等教育是由高知識、有強烈動機且生產力高的人所共同組成，他們知道自己有多麼努力，而且身邊也都是能力不相上下的人。內部的人總體而言值得在城堡內占有一席之地。但是我們也可能輕易直接轉變認知到一個毫無根據且相反的說法：外面的人根本就不配進來。

對於約聘人員相對視而不見，讓這三組工作安穩的人們情緒上比較好過，就像忽視孟加拉成衣工廠的工人，使得我們可以安心合理地爲自己採購特賣的襯衫。預設其他人不夠資格，以及對其他人視若無睹的能力，一直是撫慰生活安穩者良心的特效藥。

CHAPTER 7

倒楣的旁人

——當約聘成為一種趨勢的總和

我真的很喜歡你的課。你還教什麼呢？

——一名新生給兼任教師的留言，該名兼任教師只上那門一年級的課，兩人再也不會在課堂相遇

我們可以輕易看到整件事對約聘教師的傷害，他們是沉船後被沖上岸的人。但是，爲什麼其他人也應該在意高等教育裡人力的重新均衡呢？因爲每一位和高等教育有關的人，或多或少都受到了約聘這件事的傷害。有些傷害是實實在在、立即可見，有些則是文化與精神上的傷害。

終身職教師被迫以較少的人力維持系上的運作。不論是日常工作、指導學生以及修訂課程與課程計畫，還有爲了應付外部評鑑而需要部署數年的工作，全都要以較少的人來做。更重要的是，當人們普遍認爲教師不是眞的不可或缺，而是能夠以臨時工或線上課程模組

來取代的，只要花上小小一筆錢就有同樣的效果，教師的人數就會逐漸萎縮，當個大學教授的實際意義也就成爲值得商榷的問題。教學在交易的消費者文化中普遍受到質疑：「有能力的人，做研究；沒能力的人，去教書。」臨時教師成爲多數的趨勢，強化外界對此的質疑：大學教師是可替代的內容提供者，只要能比學生多懂一點，一大堆阿貓阿狗都可以應付得過去。

跨出課堂的約束之外，大學生也沒有太多老師回應他們的問題。現實的情況是，在一所不錯的大學裡唸書有如約會；學生從一堆人那裡選了一堆課，假如他們幸運的話，就能找到一個思維和生活方式都有啓發性的人。不是所有人都會被同一個老師的想法所吸引，因此我們讓學生選修四十門不同的課。但是如果一半的課程是由約聘老師來上，即使學生愛上兼任教師的想法，也永遠不會有第二場約會，永遠不會看到一段關係在知識花園的新路上開花結果。他們甚至沒辦法在下課的時候看到老師，因爲老師要趕到另一所學校去上另一門課。當我們把老師的生活化約成教書，以身作則的機會也就消失了。

人們對大學的一大誤解是相信大學就是一系列課堂的體驗。先不談知識成長裡必然屬於個人的本質，儘管課程很精彩，但這個看法錯過的東西比命中的還多。我有個朋友，就叫劉易斯教授（Professor Lewis），他在一個超迷你的系所（教師不超過五位）教書，當他在的時候，主修的人大幅增長。當他轉去做行政工作時，該系所的主修人數下滑到低於他開始教之前。那些年間的那些學生基本上是主修劉易斯教授；他的課程吸引學生，因爲他在課堂上講的話展現出自己對世界的熱情，他們想要去分享教授的熱情。

研究生也會遇到接觸的觀點不夠多的問題，對於自己手邊問題有高見的教授愈來愈少。長聘教授依然沉浸在個人的研究世界，研究生也被限縮成老師研究計畫下的助理，而不是學到各式各樣的觀點，接受各種觀點的挑戰。同一時間，博士生也漸漸意識到，即使他們最好的作品也不見得可以替他們贏得一個專任缺；他們必須努力不懈，同時還要分神盯著機會，面對逆境，他們要維持從事艱難工作所需的勤奮。大約有一半學生無法畢業。[1] 而堅持下來的人很多都已經幻滅，並開始認爲教師的生活並沒有那麼美妙。[2]

行政人員自己也因爲教師的兼任化而受到影響。每個學期都目睹一場聘人亂象、爲了因應註冊人數所需而在最後一刻找人救火。校長和教務長爲了爭取補助還有校際合作，拖著身體跑遍全國各地，教育現在就只是大學必備服務的一環。校內能夠執行、不斷發想傑出計畫的教授愈來愈少。他們失去能駕馭消費者思維動能的知識煞車（brakes），阻止大學校長的幻想變成曇花一現的新系所，就像是衝上天空的煙火，閃亮後即掉入無垠夜空。

---

1 1 Council of Graduate Schools/ Educational Testing Service, *The Path Forward*, 31, Figure 6.

2 Roach and Sauermann, "The Declining Interest in an Academic Career."

一旦兼任教師未能納入已建制並隨著時間調整的校園文化、知識與行爲規範等更大的議題之中，行政人員也會因此感到困擾。兼任教師的審查只看他們的「教學成效」（課程評鑑是唯一的爛指標），而不會針對一個更大的活動範圍，包括學術成就與服務，因此他們必須在支持學生與嚴格把關之間找到一條狹隘的平衡帶。[3]這給兼任教師帶來壓力，要他們「輕鬆看待」抄襲以及其他學術誠信的問題，提供學生一個又一個知識框架，而不是要求他們追求更多的創意及發想。[4]兼任參與的情況不穩定，也增添各種學生輔導及協助方法的難度，包括教師如何把學生之間的性侵與性騷擾問題往上報告。[5]兼任教師根本沒有足夠的日常經驗來熟悉學校所提供的各種學生支持服務。

甚至愈來愈多的專業支援人員（他們看似整件事的贏家）也被迫要砍掉他們的非專業同仁——辦公人員與祕書，因爲職務已被外包及科技所取代。專業的支援人員已經要接受將每週工作五、六十小時視爲常態，承擔大量的工作卻領著固定薪水，而這份薪水在過去可能是用來養另一個協助他的時薪人員。

約聘有如此多壞處，爲什麼我們還不站出來反抗呢？爲何這個知識上的奴隸體制如此屹立不搖呢？爲什麼旁人都無法採取行動呢？

因爲這看起來很正常。

高等教育並沒有脫離我們外圍更大的文化，是這個文化壓著自己走向了約聘制。即使有學校想要站出來成爲一所懂得關懷與思考的學校，想要成爲商業大船的反制力量，他們還是會受到周圍風暴的拉扯。高等教育裡的約聘制，只是一個範圍更廣泛的約聘現象在地方的實例。

保護消費者，放棄生產者

美國人被鼓勵從我們可以消費的東西來定義自己，以最低的價格買到最多樣、最新的東西。我們的文化不再是製造什麼，而是購買什麼。我們不介入那亂七八糟的生產，不再採礦或耕種，也不再涉入製造業的危險與疾病。製造生產既沉悶又緩慢，而購買則是刺激又迅速。製造生產充滿風險：結果可能不如人意。購買得到保障：產品跟你在網頁上看到的一模一樣，假如圖文不符，消費者就會到評論網站Yelp留下一顆星負評來報復。（當然，

---

3 Heller, "Contingent Faculty and the Evaluation Process;" Samuels, "Nontenured Faculty Should Not be Assessed by Student Evaluations."

4 Hudd et.al, "Creating a Campus Culture of Integrity"; Isbell, "A Professor Examines Why Her Students Seem to Be So Helpless."

5 Henshaw, "The Challenges for Adjuncts When Supporting and Counseling Sexual Assault Victims."

大學在Yelp網站上也有評論，我最喜歡的其中一則是對帕洛阿爾托〔Palo Alto〕山麓學院〔Foothill College〕的評論，裡面包含這段留言：「任何有免費停車場的大學校園我都先給四顆星！」）製造生產令人精疲力盡，日以繼夜。購買輕鬆簡單，通宵營業、得來速、全年無休的滿足感。

過去五十年來，我們向立法者施壓，請他們增加各式各樣的消費者保護措施，同時拿掉數不清的生產者保護條款。公司有工會（工人團結爭取整體福祉）的工人比例，從非農業工人裡頭的近三分之一，下滑到10％左右。如今，爭取每週工作五天、每週工作四十個小時的場景似乎很奇怪，只能在黑白老照片裡回憶。當然，這既是原因，也是結果。當沒有工會的時候，老闆就有權力調降工資和調高工時，只要有人來工作即可。但是根本的態度——不重視工人的生活品質、每個工人都可以被其他較無經驗者取代，或是由科技所取代、由低薪的外籍勞工所取代，又或者是工資的穩定以及可預測性（predictability）不具社會利益——這一個個因素都成為工人集體力量流失的驅力。

老闆會巧立各種名目砍掉工人人數或減少勞動成本，但是學院與大學所採用的方式，可以歸納成幾個核心策略：

1. **員工更少，工時更長。**受薪工人只要領的是專業收入，就沒資格接受加班保障，而且專業職場的因應方式是增加職務的工作範圍，讓他們無法在一天八個小時或一個星期五天之內完成任務。我在高等教育裡面工作的同事經常對我說每週都是五十個小時以上的工時起跳，有時甚至高達七十個小時以上。那還是在尚無電子郵件的詛咒之前，現在我們整夜甚至整個週末工作都不算加班。我們的父母輩不使用電子郵件，他們下班後回家直到第二天早上都不會再碰工作。現在永遠都找得到工人，隨時保持聯絡。

2.工人重新定義為獨立的承攬工。優步不聘司機，而是和司機建立一種契約式的服務供給關係。司機提供自己的汽車、汽油、自己買保險、自己的智慧型手機、自己的所得稅。整體來說，優步只是替司機打廣告，提供應用程式（APP）把企業結合在一起，並按趟數付錢給司機。（這些司機幾乎賺不到錢，司機的月平均收入約爲三百七十五美元。）[6]兼任教師做的事相當於高等教育界按件計酬的工作，負責自己工作場所的花費、自己的所得稅、自己的醫療健保、退休以及他們自己的電腦、軟體以及電話和辦公室設備。學校甚至要求兼任教師報上來的工作時間不能超過上限，以免學校要承擔一些昂貴的制度責任，像是健保之類的福利。[7]

3.拆解專業活動並創造準專業人士（paraprofessionals）。你多久看一次醫生、每次看

6　Fry and Rapp, "This is the Average Pay at Uber, Lyft, Airbnb, and More."
7　Dunn, "Colleges Are Slashing Adjuncts' Hours."

多久？很有可能你看的是醫生助理或護理師。醫生的辦公室和醫院，擠滿了準專業人士以及沒有執照的幫手，領著較低薪資的人做著曾經屬於醫生或護理師的例行工作。同樣地，在你律師的事務所，有執照的律師跟你開會、提供法律諮詢，但是合約的內容、文件準備和安排出庭時間則由律師助理來處理。高等教育內部還沒有針對此現象提出直接的專有名詞，但卻已經創造出了一批準教師，他們負責大學裡大部分的課程，卻不承擔專任教師專業生活的更多責任，或享有更充分的機會。[8]這就像準律師與準醫師，這個身分幾乎不可能成爲通往眞正專業證照的踏腳石，它們自成一種職業。

高等教育的創新形式，像是能力本位的學習（competency-based learning）與自主學習模組「勳章」（badges），進一步拆解了高等教育。以線上課程先驅、南新罕布夏大學（Southern New Hampshire University）的美國學院（College for America）爲例，學院替每位學生指派一名「學習導師」，檢查學生的整體進展，並提供一些指導。每個自主學習模組接近尾聲時，還會有一名「學術評審員」（academic reviewer）批改學生作業或測驗，保證四十八小時內把作業或考卷發還給學生。[9]能力本位的大學頒發的學歷，其花費不過是傳統大學的零頭，而這是靠著學校的準教師以較快的速度、較低的花費、零散的工作、較低的自由度以及工作保障的缺乏才辦到的。

4. 把非核心職能外包出去。書店、餐飲與銷售漸漸由那些替幾十家或上百家組織提供相同服務的校外公司完成。學校的財務，例如記帳和薪資單、電子郵件和網路維護等技術工作，以及各種可以輕易複製的服務，都能以較低的成本外包，而不是自己聘人來做。這一直是高等教育縮減非專業後勤人員的一大動能。舉例來說，美國索迪斯（Sodexo USA）宣稱自己是提供「生活品質服務」的領導者，讓大學客戶有各式各樣的服務可選。員工會去割草、修剪灌木，也會刷廁所、修屋頂；他們會在冰上曲棍球的比賽賣門票和爆米花；他們會照顧學生的溫飽並組織會議。他們以有競爭力的價格做這些事情，並且以薪水較低、福利較差，且跟學校沒有任何隸屬關係的員工來取代大學裡的個別員工。

由於上述的外包方式，有一種心照不宣的跨世代福利已經消失了，也就是家人學費的減免，這些監護人子女在母親的學校就讀時原本可以享有免學費的福利。如果監護人是在索迪斯、愛瑪客、核心管理服務（Core Management Services）或其他派遣公司上班，又或者是約聘教師，學校就不承擔任何家庭的責任，而爲下一代子女的安排也就沒了。

5.用科技替代人力與空間。老師和教室的成本不低，圖書館和圖書館員也要花錢，而寬頻網路與儲存空間很便宜。大學回應的方式是強調線上教學、自主學習課程、授課資料庫以

8　這已經默默完成一段時間了。請見Ritter, "Ladies Who Don't Know Us Correct Our Papers," 對於「一般讀者」（lay reader），也就是早在二十世紀交於中學與大學密集寫作課上改報告的女性所做的精彩討論。

9　College for America, "Meet the Advisors & Reviewers."

及學習指南；同時增加網路期刊、可搜索的全文資料庫以及電子書借閱。這些作法增加消費者的速度與便利性，同時盡可能減少在實體設施的人力需求。這就像亞馬遜網路商店對零售「實體店」（brick and mortar）是場災難，因此當高等教育出現線上方式，從Blackboard到JStor再到谷歌學術搜尋（Google Scholar）*，都爲那些被網路取代的人員帶來了巨大的壓力。

認清我們消費者的福利是以壓榨勞工作爲代價，此事著實令人不安。我記得有一次和一個旅行中的人聊天，聊了不到五分鐘，我們的話題從「現在沒什麼東西在美國生產了，我們全部的工作都在中國」跳到「我需要在沃爾瑪超市停一下買新的烤肉架，這個東西正在打折」，過程中，我的內心毫無糾結就把兩個現象連結起來。而且它們**的確**有關聯。由手機應用程式驅動、低成本、玲瑯滿目的便利性，這只是感受上很愉快，因爲我們不想花心思在沒有福利的工作上面，這些工作根本沒資格叫工作。高等教育也是一樣，這類工作根本就不是工作。[10]

我們必須瞭解，「放棄勞動」（abandonment of labor）是我們追求理想消費者體驗的**必備**條件。以汽車爲例，下面列出的是當代汽車的標準功能，這些功能，在我年輕時的「黃金時期」汽車例如野馬（Mustang）、柯麥羅（Camaros）和梭魚（Barracudas）等車款上頭非常罕見，大部分就算花錢也買不到，而且在嬰兒潮世代的男孩眼中依然閃亮：

- 性能特點：燃油噴射、五速或六速（或更多）變速器、輻射層輪胎（radial tires）、碟煞、雙凸輪軸（dual camshafts），氣流優化車身。
- 安全功能：安全氣囊、兒童座椅安全帶、自動綁緊安全帶、防撞緩衝保護、安全玻璃、防鎖死煞車、牽引力控制。
- 便利功能：導航、藍牙、衛星廣播、ＵＳＢ插座、無鑰匙大鎖、電源插頭，可重新配置的座椅、無處不在的杯架和小玩意兒。

這些功能讓現在的汽車更快、更省油、更安全也更耐用，駕馭起來比我小時候任何一部車都還要愉快，而價格在調整過通貨膨脹之後與一九六七年的福特Fairlane的價格相差無幾。

---

* 編註：Blackboard是一個美國的數位教學平台，教師和學生可以在此平台內進行各種課程方面的交流。JStor則是一個收集學術期刊的線上系統，使用者可在此搜索到發表在數百本知名學術期刊上的論文電子版全文，這些學術期刊最早可追溯到一六六五年。谷歌學術亦可免費搜尋學術文章。

10 羅德（Gary Rhodes）在三十年前就討論過高等教育中消費者需求的影響，請見〈消費社會中的高等教育〉（Higher Education in a Consumer Society）。假如有的話，這個影響一直在加速。

這些優勢不只源於科技的改變，還因爲當代汽車是在截然不同的勞動條件下製造的一九三四年，世界產業工人（Industrial Workers of the World）*發表了一篇題爲〈失業與機器〉的報告，其中一段話說：

> 一九〇九年製造一輛汽車需要三百〇三個工時；一九二九年減少到九十二個工時，而到了一九三二年和三三年，所費的工時更少。[11]

根據豐田汽車的說法，現在製造一輛車用不到二十個工時。[12]電腦輔助設計/製造（CAD/CAM）、機器人組裝、採購預組裝零件與及時零件供應，使得福特迪爾伯恩（Dearborn）的卡車生產線或本田在阿拉巴馬州的汽車生產線上所需的人力愈來愈少。

但是一輛車的製造仍然需要投入許多工時，大部分都由工程師、流程經理（process managers）和零件經銷商在汽車廠外累積而成。美國本田有限公司（American Honda Motor Company）在自己的網頁上宣稱公司有六百四十四家原廠零件製造商，生產從後視鏡到馬達支架的所有東西，另外還有一千一百八十三家維修零件供應商負責生產更普通的副廠零件，如剎車片和電池等。[13]這近兩千家公司不屬於汽車大廠與美國汽車工人工會（UAW）談判工會合同保障的企業，他們永遠不會插手第一線生產汽車，也絕對不會看見汽車從生產線跑出來。

高等教育一直屬於勞力密集型產業，而未來也仍將如此。但是現在，大部分勞力都外包給短期的承包商，投入整體課程的課堂教師不復存在。還有一大部分是靠專業員工的雙手，在後頭組織學生的支持系統和計畫，而不是直接跟上課的學生接觸。在這個龐大、隱形的社群中，沒有任何人受到教職員工與學校協商確定的終身聘所保障。

我們永遠都需要勞力。但我們可能不需要那麼多，也許不需要直接雇用，也不需要爲此花費那麼多金錢。

希望勞動與內容提供者的經濟

Web 2.0下企業的財務模式基本上就是把無償的貢獻化爲資本（capitalization），這是將馬克思的「勞動剩餘價值」運作到極致。從YouTube到維基百科（Wikipedia），從Instagram

---

* 編註：國際性工會聯合組織，創立於一九〇五年。

11 Industrial Workers of the World, *Unemployment and the Machine.*

12 Toyota Motor Corporation, "How Long Does It Actually Take to Make a Car?"

13 American Honda Motor Company, "Honda Honors its Top North American Suppliers."

到Pinterest，從《赫芬頓郵報》（*Huffington Post*）到Daily Kos，網路經濟靠的是免費上傳素材的「內容提供者」。雖然不是每首詩、每張照片或逗貓影片在創作時都是想著報酬，但許多內容提供者這樣做都是希望有人看見，希望從滿坑滿谷的喜劇演員、評論家或饒舌歌手中脫穎而出，讓自己的辛苦得到回報。傳播研究者凱瑟琳．庫恩（Kathleen Kuehn）和托馬斯．科里根（Thomas Corrigan）將此現象稱爲**希望勞動**（hope labor），也就是「目前無償或是所得不成比例的工作，通常是爲了累積經驗或曝光率，希望未來的就業機會隨之而來。」[14]

這有如州政府彩券的廣告看板，或是賭場宣傳幾個贏家爲了想辦法把容易受騙的人留在賭桌上，所以我們也會因爲幾個人靠著免費上傳資料而聲名大噪的偶然機遇而上鉤。有一名可愛的中學生十三歲的時候在樓梯上唱歌成爲小賈斯汀（Justin Bieber），二〇一七年二十四歲時的年收入爲八千萬美元。[15]白雪皇后的冰龍（Snowqueen's Icedragon）（這是什麼鬼筆名?!）根據其他人故事裡的角色，寫出一篇很糟的同人誌式的情色故事，卻變成了E．L．詹姆絲（E. L. James），還靠著這幾本書賺進一億美元以上，但作家魯西迪（Salman Rushdie）說：「我從沒看過寫得那麼爛的書還有人出版。」[16] Reddit網站貼了一隻名爲塔達醬（Tardar Sauce）的胖貓照片，後來搖身一變成爲百萬行銷公司的企業標誌不爽貓（Grumpy Cat）。[17]成功的故事引人注目，讓我們無法斬釘截鐵地說「這絕對不會發生」，只是發生的機率實在有夠低，因此當我們的女婿宣稱要以此謀生時，我們不免會感到懷疑。

兼任教師投入希望勞動也是如此，他們深信自己傑出的教學有一天會帶他們坐上像樣一點的桌子。[18] 兼任教師轉成全職長聘教師的機率微乎其微，少到幾乎是毫無意義，就像同人小說（fan fiction）搖身一變成爲暢銷書。這**的確會**發生，只不過是久久才一次，兼任教師轉爲全職的非長聘教師，這給了人一點希望，至少有某些程度的確定性，就算不具有正當性。舉例來說，我之前在杜克大學做博士後的那一批人裡頭，有四個人一直是「實務教師」（professors of the practice），這是稱呼全職非長聘教師的許多用詞之一，即使其他幾十個人過去二十年來都是遊走在附近的辦公室，前途未卜。

少數案例成爲誘餌，讓其他人願意留在賭桌上，賭一賭看來荒唐可笑的勝率。希望勞動已經變成一個備受推薦的社會規範。網路上的影武者（dark masters）說：「我們一個月有幾百萬人點閱；想想曝光率……你就差臨門一腳了。」[19] 你會發現自己的腳被好多門

---

14 Kuehn and Corrigan, "Hope Labor."
15 Forbes, "Justin Bieber."
16 Irvine, "Sir Salman Rushdie."
17 "About Grumpy Cat."
18 Brouillette, "Academic Labor."
19 Kreier, "Slaves of the Internet, Unite!"

夾到過，以至於你再也不能正常走路。這就像露明納基金會（Lumina Foundation）的馬修（Dewayne Matthews）最近寫到的，在零工經濟（gig economy）裡，樓梯都是從二樓才開始。[20]

副業

我先生是中學歷史老師，雖然他表現還不錯，但我去教書無疑有助於家裡的收支平衡。尤其是小孩子出生之後……每個小孩上幼稚園一年要六千美元以上，所以我去教書基本上讓我們可以把兩個男孩都送去托兒所。更重要的是，這使我有辦法撐過自己公司的起伏不定。

——埃莉諾，兼任教師和建築師

私人智庫麥肯錫全球研究所（McKinsey Global Institute）在研究「零工經濟」時，針對獨立工人（independent workers）發展出一套簡單但實用的分析矩陣，他們相信在美國和歐盟的總獨立工人數量超過一億五千名，占所有就業員工的四分之一。[21]他們宣稱獨立工人可以分成兩個面向。第一個面向在於，自由工作是主要收入或者補充收入；第二個面向是個人偏好或必須選擇自由工作者的身分。結果請見表6。現在，不令人意外，企業諮詢公司發現有七成的自由工作者是自己選擇這條路，因此來福車（Lyft）、遛狗以及網頁設計接案快樂閃亮的世界，允許你的時間安排更有彈性，讓你可以跟朋友碰面喝一杯要價十六塊美元的特調甘藍雞尾酒，並分享你昨晚在約會軟體Tinder上邂逅男人的故事。

表6　獨立工人的四種類型

	主要收入	補充收入
自願	自由接案者30%	臨時工40%
被迫	被迫者14%	財務困難者16%

但是，除了數字之外，這四群人有助於我們釐清一些對「兼任教師」的困惑。工會人員和兼任教師聲援團體關注的是「被迫者」（relunctants），也就是想要且完全有資格走上一般教師之途，但卻沒有做到且很有可能永遠做不到的人。他們只能靠著在這裡接一門、到那裡教兩門的方式勉強維生，沒有任何保障，也毫無福利。

高等教育界基本上關注的是另外一群人，亦即「臨時工」（casual earners）。他們想要談的是退休教授還回來教一門自己難以忘懷的課，律師每年春季班來學校講講公司法，靠另一半薪水與福利養家的作家來

20 Matthews, "In Gig Economy."
21 Manyika et al., "Independent Work."

教教詩歌……每隔一段時間他們就忍不住想來教書，**因為教書實在太有趣了！人們急於回饋！活躍的專業人士讓我們的學生瞭解社會經驗！**

兼任教師裡的臨時工讓學校可以說約聘對個人與社會都有好處，大言不慚地說學校提供老師與學生一個千載難逢的機會。這些故事並沒有錯，但也不是全貌。

還有第三種叫財務困難者（financially strapped），他們接課來彌補自己在其他專業工作收入的不足與不穩定。這些人有時候已經是學校的員工，例如棒球隊教練靠著上體能課多賺點外快。還有些人是像埃莉諾一樣，藉著教書平衡自己失衡的工作生活，或者是用來支持單靠夫妻兩人的收入還打不平的基本開銷，如托嬰。

女性的工作

回想我自己一九七〇年代末在密西根理工大學（Michigan Tech）那兩年，我選了一門由女教授開的課，全部二十門課，就只有這一門是女教授來上。

當我在一九八〇年代末期回到加州大學柏克萊分校，我選了三位女教授開的四門課，二十幾門課之中的四門，而三位女教授之中有兩位是兼任。

到了一九九〇年代初，在密爾瓦基的研究所，此時女性教授的比例有稍微好一點了。我選了十一位教授的十八門課，其中有三位教授是女性，她們總共上了我七門課，而且全部是長聘教授。

專業領域一直都是男性專家的堡壘，讓聰明的專家得以遠離身邊的群眾。但是，這種情況逐漸消失，從性別與角色來看，都是一樣。教師的工作現在比較像是一種支持，「身邊的引導人員」取代了「講台上德高望重的教師」。而且隨著技術型勞工（專門的專家知識）領的薪水與報酬都高於社會型勞工（溝通協調），我們也看到高薪、備受尊重且在講台上侃侃而談的男教授，逐漸被薪水較低、地位較差、做更多第一線學生支持工作的女性教師所取代。[22]

國家教育統計中心的數據顯示，二〇一三年秋季，男性占全部教授的69%，副教授的56%，助理教授的48%（請參閱下頁表7）。這證明近年來學校聘人的性別愈來愈平等，而且女性拿到博士學位的人也逐漸增加。但是我們也看到非長聘教師大多數是女性。教授這份工作向女性開放，還有教授的生活一步步往服務導向靠攏，出現的時間點正好是教授工作變得更平淡、更不穩定，也更支離破碎的時候。這是巧合嗎？經濟社會學的許多研究，都顯示這不是巧合。例如，曼德爾（Hadas Mandel）的研究描述她所謂的「站上往下走的樓梯」，

22 Cech, "Ideological Wage Inequalities?"

表7 學術位階（依性別）

	位階	男性	女性
長聘	教授（工作15年以上）	69%	31%
	副教授（工作6-15年）	56%	44%
	助理教授（工作6年以下）	48%	52%
非長聘	助教	42%	58%
	講師	44%	56%

這是指「對於個別女性出來上班的歧視減少，但是對於女性進入的職業歧視卻逐漸增加」。[23]羅絲卡（Josipa Roska）的研究說明，畢業生進入男性主導的領域工作，起薪遠高於進入女性主導的領域。[24]安妮．林肯（Anne Lincoln）則針對獸醫「女性化」（feminization）的研究證明，男學生開始刻意避開女性參與愈來愈深的學科領域。[25]萊瓦諾、英格蘭和艾莉森（Levanon, England and Allison）的研究更清楚支持，貶低「女性化的職業」更甚於把女性從「男性職業」排除。[26]

我們看到一個接一個行業貶值。隨著女性跨入醫療，醫師的個人判斷就納入更大的監督與標準化的操作，而且各種主要由女性擔任的準專業人士因應而生。隨著女性進入法律界，準律師就出現了：三分之二的律師是男性，而85%或以上的律師助理是女性。[27]隨著女性成爲教授，我們就降低教師這個統一角色的地位與保障。[28]我也建議要檢視大學裡女學生愈來愈多（二〇一七年秋季，全部的大學生之中有56%

是女性）這件事，跟州政府對公立大學的補助逐漸下滑的趨勢之間有沒有關聯性。[29]無論是哪一種行業，大家心照不宣的想法都一樣：假如女性做得來，那絕對不是很重要，我們也不必爲此付出太多薪水。

技術如雪崩而來

一如消費者文化的各個層面，高等教育迷戀最新的技術，一旦技術出現，也會馬上把它想像成不可或缺的一環。我最近拜訪了一所大學的護理系，整個系看起來有如醫院的病房，每張床的氧氣筒排得整整齊齊，備有電子與資料的基本設施，床旁邊有靜脈注射幫浦、量

23 Mandel, "Up the Down Staircase." 另見Striped Leopard的部落格文章"Patriarchy's Magic Trick: How Anything Perceived as Women's Work Immediately Sheds Its Value."。
24 Roska, "Double Disadvantage or Blessing in Disguise?"
25 Lincoln, "The Shifting Supply of Men and Women to Occupations."
26 Levanon, England and Allison, "Occupational Feminization and Pay."
27 American Bar Association, *A Current Glance at Women in the Law*; Davidson, "Why Are There More Female Paralegals?"
28 Rhodes and Slaughter, "Academic Capitalism;" Kulis, "Gender Segregation;" Monroe and Chiu, "Gender Equality in the academy."
29 National Center for Education Statistics, "Back to School Statistics."

血壓的設備和心臟監控儀。每張床上躺著醫用的假人（mannequin），大部分都是由電腦控制，會對學生的動作有所反應。護理系的學生要處理呼吸困難、抽搐或癲癇發作；他們可能因治療錯誤，而在無意中引發這些情況。他們可以協助自然產或剖腹產，也可以聽這些醫用假人給予目前情況的自我報告來協助診斷。

在隔壁的房間裡，控制中心已經架設妥當，由護理老師來觀察學生的表現。老師可以聽到並看到模擬工作室裡的全貌，可以錄影整個過程，也可以記錄學生進行處遇時假人模擬人體的功能表現。這一切不但可以用來評估學生當時的反應，也可以稍後再用來檢討學生的表現。

儘管我完全支持護理系的學生實習時弄傷的是假人而不是我，但重點是看清楚投資一套模擬教室所代表的意義。接下來，再把這筆投資乘上校園裡幾十個不同的地點：平面設計與電影系的電腦影像處理工作室，行銷與地理資訊處理系統學程的大數據分析系統，科學家與工程師使用的超級電腦，數位人文的龐大資料庫。學校裡頭的每個系都是電腦科學系。

個別教師和教師團隊也有非常精密的研究設備。理工科有愈來愈多的分光光度計（spectrophotometers）和超速離心機（ultracentrifuges）、微爐（microfurnances）與液氮罐（cryofreezer）、紫外線透射儀（ultraviolet transilluminators）和磷光成像儀（phosporimagers），以上科學儀器過去只留給一流的研究人員，但現在也逐步開放給學生使用。即使是建築學院的模型店，也已經變成自造實驗室（fabrication Labs），備有3D列印、電腦引導的路由器（computer-guided routers）、雷射切割機和機械手臂銑床。

從這些設備看到的是工作穩定的長聘教師和非長聘教師之間的另一個潛在衝突，長聘教師站出來爭取自己想要的教學與研究設備，而非長聘教師則是遭到邊緣化，這至少有一部分原因是長聘教師在工具上的花費，而非長聘教師永遠都用不到最好的那部分。因此，讓我們講得更白一些：會讓教師與學生得到更佳服務的是更多的工具或是更多的同伴？誰會從那些變數的不同平衡中得到不同的好處呢？

然後還要加上全部非研究用的資訊設備。幾千部電腦和印表機，教室有多功能液晶投影機、數位講桌、智慧黑板。無線網路涵蓋每一棟大樓及整個校園。電子郵件伺服器、教師與員工的智慧手機、學習管理系統、促進全球大學檔案交流的每一份上課講義、閱讀材料、課外的對話、每一次考試、上交的作業、每一次期中考與期末考的成績、每一次教學評鑑。控制大樓、教室與停車場進出的感應卡，同時記錄你今天的午餐買了什麼，對照你原先預付的用餐計畫。學務管理系統整理了一所大學歷年來幾十萬名學生的獎助學金、通知、註冊與成績單等資料。

面對技術如雪崩而來，我們很容易就掉進憂傷，說起我們小時候事情有是多麼簡單，提醒每一個人在沒有模擬實驗室之前，幾百萬人是如何訓練成成熟的護理師。但我不想要走到這一步。我體認到科技的一切力量，我也體會到學生正準備進入成年人以科技爲中介的職業生涯。這一切都是眞的，也全部都很重要。但是，產業預估全球年度教育科技的支出將近兩千五百億美元，[30]而花在科技上的經費就不會花在老師身上。假如我們準備做出選擇，就必須知道我們正在做選擇。

競爭行業中的行銷

這些技術至少有三個用途。它讓生活更便利、讓研究更有效，也是學生在挑選大學與研究所時的招生利器。

正如我們的經濟似乎愈來愈多的「眼球」、「讚」、「娛樂」和「轉推」，目前環境下的大學做的每一件事，似乎都和招生有關，想辦法讓更多隨意參觀的人從令人眼花撩亂的學校裡頭挑中一所。州政府的補助減少，再加上二〇一〇年後中學畢業生減少，使得許多學校搶著吸引學生，打造一個更有競爭力的環境讓學校可以一直想辦法踩進別人的招生地盤。

「我們加入運動項目，還蓋了一間美輪美奐的室內體育館。……如果學生覺得到那裡能夠有真正的大學體驗，他們就會來讀。我們試著慫恿那些有可能被四年制大學所吸引的學生先到我們這邊，而對家長的賣點就是錢。我們會對他們說，讀社區學院兩年，你可以省下不少錢。」

聖克萊爾學院（St. Clair）已經提供的運動項目有男子和女子籃球、棒球、壘球、排球和高爾夫球。但是去年學校的主管又增設男子和女子的越野賽，今年秋天也會增添男女保齡球和摔跤，學校主管學務的副校長皮特・萊西（Pete Lacey）說。未來還考慮增加網球和女子足球。

萊西說學院的行政人員對預算很敏感，也深深體會學校的運動課程賺不了錢，但他們樂觀地認為多招到學生可以抵消因此而增加的成本。

——史密斯與雷德曼（Smith and Lederman），〈註冊的下滑，轉學的障礙〉[31]

如果大學想要在逐漸開放的市場中成功招攬學生，就必須讓自己在競爭中與眾不同。同時，大學也需要回應標準化的壓力：學科和學校的認證、學分認證、還有大學學歷商品化。所以，如果他們無法區隔自己的學術經歷，就需要其他東西，而所謂的其他東西，經

30 EdTechXGlobal, “Global Report Predicts Edtech Spend to Reach $252bn by 2020”
31 Smith and Lederman, “Enrollment Declines, Transfer Barriers.”

表8　美國歷年新生兒人數及經歷各個大學里程碑的年份

出生年	出生人數	五年變化	那一年變成十八歲（新生）	那一年三十歲（新教師）	那一年七十歲（退休）
1945	2,735,000	-	1963	1975	2015
1950	3,554,000	+30%	1968	1980	2020
1955	4,104,000	+15%	1973	1985	2025
1960	4,258,000	+4%	1978	1990	2030
1965	3,760,000	-12%	1983	1995	2035
1970	3,731,000	0%	1988	2000	2040
1975	3,144,000	-16%	1993	2005	2045
1980	3,612,000	+15%	1998	2010	2050
1985	3,761,000	+4%	2003	2015	2055
1990	4,158,000	+11%	2008	2020	2060
1995	3,900,000	-6%	2013	2025	2065
2000	4,059,000	+4%	2018	2030	2070
2005	4,138,000	+2%	2023	2035	2075
2010	3,999,000	-3%	2028	2040	2080
2015	3,978,000	-1%	2033	2045	2085

資料來源：美國國家衛生統計中心，「美國生命統計」。

常包括容易取景且適合參觀的設施，像是學生活動中心、科學大樓、運動機會和科技亮點。他們增加體育課程來吸引男學生，因爲現在工人階級與中產階級的大學教育主要都是女性在任教。[32] 即使是一所社區學院——位於後工業時期東密西根的聖克萊爾郡社區學院——也有一座雄偉的室內運動場，不僅爲的是展現它在招生時震撼人心的價值，也爲了改善學生的生活經驗。這就是以建築來打廣告，有點像是宣傳品牌，把聖克萊爾郡社區學院這種默默無名的大學，藏在「SC4」這樣有高科技感的學校標誌之後。

以小吃大

我在這裡討論的最後一個巨大文化力量就是戰後嬰兒潮長期的衝擊。嬰兒潮造成了任何跟年紀有關的社會開支都出現大幅波動，從出生到退休，只因爲這一代與前後世代在總人數上的差距。表8呈現出美國新生兒人數對於大學裡大學部學生與教師需求的衝擊。

即使中學畢業生進入大學就讀的比例在這些年來相當穩定，但人口變化還是爲大學帶來很大的需求。二〇〇〇至二〇一〇年之間，由於上大學的比例增加，再加上十八歲的人口數是打從一九六〇、七〇年代就未曾見過的高點，不難理解大學在二十一世紀的前十年歷經了入學人數、校舍及新科系大幅成長。不過，最近的出生率是一九九五年以來相對平緩的時期。二〇一七年的大學生人數大概也就是我們未來二十年會看到的情況，這也是這麼多學校增設研究所的部分原因，他們需要帶動註冊人數，而增加研究生是面對大學部招生下滑的因應之道。

讓我們看看嬰兒潮一代，這時，爲數不多的大學要消化第一波龐大人口。從一九五〇直

32　Marcus, "Many Small Colleges Face Big Enrollment Drops."

到一九六〇年，出生人數一直創歷史新高。這意味著嬰兒潮一代在一九六五至一九八〇年之間上了大學。他們在一九八〇年代和九〇年代初成爲父母，在二〇〇〇年代讓他們的子女進入大學。那些成爲教授的人也差不多在一九八〇與九〇年代做一樣的事。

但在嬉皮世代身上看到一件有趣的事，一九六〇年代上大學的小孩，於一九八〇年代成爲教授，並且在一九九〇年代與二〇〇〇年代成爲校務主管。首先，除了穿著破的牛仔褲和涼鞋，他們代表的是一群經濟優渥和文化自在的學生，代表的是跨過大學門檻的四成中學生，而不是現在七成可以讀大學的中學生，而且大部分是白人，男性比例也過高（尤其讀大學的男孩依然可以在越戰時期獲得緩徵）。基本上，教師大多聘自早就已經篩選掉工人階級的研究型大學，最終形成一個人數更少的社群。當這群人在一九八〇、九〇年代接下大學的運作，他們仍然是文化菁英，沾染到八〇年代雷根與九〇年代「第三條路」（third way）＊新中間路線精明的政治氣氛，逐漸受到他們過去質疑的進步與消費主義所誘惑。現在，他們六十多歲了，永遠都不會退休（現今大學教師退休的平均年齡超過七十二歲），他們的養老帳戶看起來還不錯，而且已經升起身後的那座繩橋（drawbridge）斷了後人的進路。[33]

前幾代人留下豐富的遺產；嬰兒潮世代要求更多，用到什麼都不剩，而且用完之後也沒拿東西替代。州際公路、地下鐵……便宜的天然氣和用電……工會、穩定的職業……一切由二十世紀上半的工人留給嬰兒潮世代的東西。而他們離開的時候，留給五十歲以下的人就是一場空，匱乏、短缺或是一無所有。

請再看一下表8，新生兒來到教師年紀的那一欄。嬰兒潮世代從一九七〇年代後期到一九九〇年成爲教授，同時大學快速增加以滿足嬰兒潮世代的子女；貨眞價實的學術工作在當時也比較多。但是，他們在一九九〇年代與二〇〇〇年代教導的大學生（至少是那些繼續讀研究所的學生），現在進入的是一個已經飽和的就業市場，再擴張已經沒有任何利益。

幾乎在生活中的所有面向，我們都看到嬰兒潮人口變化暫時拉抬了一些企業的行情，而在刺激的因素退卻之後，就把人丟在路旁，然後集體生命週期的下一個階段於焉浮現。從大麻到古柯鹼再到威而鋼，從教育投資到反稅，從福特的野馬到多功能休旅車（minivan）再到Miata跑車，從生小孩的套房到長期的住宿護理（residential care），市場的注意力一再反映同一代的人數。隨著嬰兒潮世代的職業生涯江河日下，穩定的教師工作……穩定的**任何**工作……就是被人拋棄的工作之一。

* 編註：一種走在自由放任資本主義和傳統社會主義中間的一種政治經濟理念的概稱。

33 Earle and Kulow, "The Deeply Toxic' Damage Caused by the Abolition of Mandatory Retirement."

約聘是所有趨勢的結論

幾年前，許多人都在談論「石油頂峰」（peak oil），表示石油的生產已經來到最高點，接下來會就開始衰退。石油頂峰和衰退刺激了後石油時代可再生能源的典範，一種因為不相信石油可以無限供應，而對能源需求產生一窩蜂的創造性回應，這也激出一波焦慮下的最後奮力一搏，想辦法擠出新的供應。適應新環境未必明智。

我認為我們同樣在通過教授人數的頂峰。消費者思維、市場流動性、專業地位流失、技術創新和人口變化，全部因素加起來，使得我們走向的年代是教授永遠不會再是由全職、終身聘或具備文化承諾的人占多數的年代。當然，老師還是會一直存在。只不過「教授」這個概念就跟煤一樣，都已經死去；由於沉沒成本（sunk cost）與還留在業界的人奄奄一息的需求，教授還是會持續一段時間，只不過它眞的已經變成歷史了。

目前還不知道會由什麼來替代。我們正處於一個大崩潰的年代，而有許許多多的人都撐不過去。

CHAPTER 8 解決之道

——重新尋回大學的終極價值

前面的章節列出了兼任教師的問題。但是，光有診斷卻沒有藥方與處遇並不完整。從學生、家長或老師的角度，我們應該怎麼做呢？先說個故事吧！

魚的寓言

（一九六七年）六月十五日，在一次調查密西根湖污染源的飛行任務中，美國大湖區聯邦水污染控制管理局（Great Lakes Region of the Federal Water Pollution Control Administration）的官員，看到了水上有一條又長又白的線。他搭的這架海軍水上飛機飛得更低。這條白線全是已經翻肚暴斃的大肚鯡魚。強風把已經死掉還有垂死的魚吹向湖的密西根州這一邊。官員觀察到了一大條由大肚鯡魚排成的閃閃發亮的白帶，在密西根州的馬斯基根（Muskegon）與南避風港（South Haven）之間延伸四十英哩。六月十七日，《芝加哥太陽時報》（*Chicago SunTimes*）報導了死魚，還有魚的屍體弄髒海灘製造有毒的惡臭而成為年度污染問題。但是到了那個週末，也就是六月十七日至十八日，風向改變了，變成從東邊吹向西邊。六月十九日星期一，芝加哥長三十英哩湖邊變成一條由大肚鰣屍體組成的銀色地毯……一九六七年的大肚鰣入侵開始上演……

——聯邦水污染控制管理局，一九六七年[1]

我在密西根州的馬斯基根高地長大，事件發生時我才九歲，一場夏季的死亡事件最終估計有兩百億尾大肚鰣的屍體沖上岸邊，整個密西根湖南邊的低窪之處都是，從密爾瓦基一直到馬斯基根。我記得在皮耶・馬奎特公園（Pere Marquette Park）的岸邊都是蒼蠅。死魚堆積如山，大肚鰣屍體堆成的閃亮金字塔在夏天的烈日下分解。

大肚鰣重返大海之前會到上游在清水裡產卵。幾千年來，大肚鰣集中在北美大西洋沿岸，沿著河流從波士頓、新港（New port）、聖約翰（St. John）、紐約，然後進入大海。但是當伊利運河（Erie Canal）從哈德遜河切過來穿過紐約州北部，大肚鰣也就順著運河過來。安大略湖（Ontario）和伊利湖在二十世紀初先有大肚鰣永久棲息，接下來依序是休倫湖（Lake Huron）在一九三三年、密西根湖在一九四九年，而蘇必略湖（Lake Superior）則是一九五四年。[2]

就這件事情本身來看，大肚鯡到來並不是一件可怕的事。湖裡的鱒魚認爲大肚鯡很好吃，而人類認爲湖裡的鱒魚相當美味。但人們認爲鱒魚好吃，補抓過程有趣，所以在一九三〇年代之後就過度捕撈，一旦船上裝上內燃機，船可以開得更遠，在各種不同的情況下作業的時間更長。鱒魚愈少，大肚鯡就愈猖獗。而你就覺得罪證確鑿了：這是被現代漁船所執行的謀殺。

但並非如此。湖裡的鱒魚絕對是被漁民補走了。只不過鱒魚的數量已經大幅減少。大肚鯡暴增排擠掉許多其他種類的小魚，造成以捕食牠們爲生的鱒魚營養失衡，逐漸喪失繁殖的能力。而且，弔詭的是，大肚鯡吃掉很多鱒魚卵和小魚，長大成熟能夠自己捕食的鱒魚數量也因此減少了。接下來，淘汰賽開始：另一種海洋生物來了，海七鰓鰻（sea lamprey）。七鰓鰻是邪惡的野獸，基本上是種超大的寄生蟲，會啃食任何牠們可以依附的動物（包括那些膽敢在牠們水域游泳的人類），分解牠們的肌肉組織與血液，使其化成像奶昔般的液體。海七鰓鰻也跟大肚鯡一樣，從大西洋遷徙到大湖區，大部分都是被吸進空船的艙底，然後來到

1 Federal Water Pollution Control Administration, "The Alewife Explosion."
2 United States Department of Agriculture, "Alewife Species Profile."

克利夫蘭、底特律、密爾瓦基與芝加哥等工業港口，還有威斯康辛州和明尼蘇達州的鐵礦區，到了那裡之後，水會排出來，改放進汽車、鋼和鐵砂。隨著中西部工業化蓬勃發展，七鰓鰻開始蔓延，鱒魚在漁夫有機會捕捉前就已經死光了。密西根湖鱒魚的漁獲量從一九四四年的三百萬公斤到了一九五一年幾乎快變成零。[3]至於大肚鰣，天敵不見之後，就是繁殖、繁殖再繁殖。

一九六七年在我這湖邊所死掉的魚，全都可以往前追溯到一百四十年前的伊利運河，這條河的開發是爲了把中西部的糧食運到東海岸的港口。這也和第二次世界大戰的工業振興還有戰後的蓬勃發展有關，跟每輛別克（Buick）轎車、每一台阿里斯・查爾默斯（Allis Chalmers）拖拉機、每一片愛荷華州生產的火腿，以及每一箱裝上遠洋貨輪的宣偉（Sherwin Williams）油漆有關。兩百億條大肚鰣死去並不是犯罪現場，而是千絲萬縷的決定引發的生態後果，每個決定本身都無害，但加總起來卻帶來任何人都難以想像且前所未見的動盪。

接下來的幾十年裡，我們原本可以放任湖泊不管。一旦釐清整件事的來龍去脈，我們大可撒手不管，對外表示問題已經超出自己的能力範圍。我們原本很有可能決定，儘管事情很悲慘，但我們不想給任何靠此現狀謀生的企業帶來不便。

但對我們來說幸運的是，回應不僅是如此。密西根湖周邊各州同意引進太平洋裡的紅鮭魚（Chinook）和銀鮭魚（Coho）取代湖鱒的掠食者角色。加強對工業和農業排放的控制，穩住更小的魚所吃的藻類和浮游生物。通過法規禁止亂賣魚餌，因爲魚餌在跑掉或繁殖之後會破壞整個生態。洗船廠和湖泊檢疫站減少斑馬貽貝（zebra mussels）和斑驢貽貝（quagga）的繁殖。藉著使用殺幼蟲的藥劑，設置障礙、陷阱，與更換壓艙水的協議，七鰓鰻的數量逐漸減少。大湖受到成千上萬與其相連的冰河湖、河流與沼澤地所影響，學者們也努力更好地瞭解箇中的影響方式。大湖邊的工廠、農民和漁民都改變了自己的作法，有些人急切改正、有些人勉強配合，也有些人尋找私底下違背規範的方法。後來，不再有那麼多魚暴斃。

破碎的高教生態體系

半個世紀以來，我們看到上百萬或者更多的兼任教師與博士後被沖上學術的岸上，一群人堆在社區學院和地方州立大學，擠進寫作課和補救課程，被他們所嚮往的知識生活一腳踢開，餓著肚子背起高等教育的沉重負擔，讓那些長聘教授不需要弄髒自己的手。

3 Eshenroder and Amatangelo, "Reassessment of the Lake Trout Population Collapse in Lake Michigan during the 1940s."

這種消亡同樣是無數決定所導致的後果，每項決定本身都合情合理，卻造成一個物種瀕臨危機。我們培養太多新學者，但是使用的卻太少。高等教育的內部正在改變——前途未卜的學生註冊人數起起伏伏、政府補助減少、轉學生愈來愈普遍、大學專業的實習課（co-curricular）風氣興起、規定與學科要求標準化愈來愈多——不利於穩定的學術生涯。我們更大的文化也在改變——重視消費更甚於生產、「希望勞動」的常態化、女性可以參加的各項專業都在貶值、盲目擁抱進步、行銷至上與擴張的儀式，還有嬰兒潮的持續衝擊——使得教授失業這場災難看起來很正常。而且，我們對於大學存在的原因和目的缺乏共識，這可能會帶來一個令人困惑不解的問題，可能過於錯綜複雜以至於說都說不清。

我們不會在誤入歧途幾年之內就來到兼任教師大量擱淺的終點，也無法靠著一兩項重要的行動就擺脫一切，不論有沒有成立工會、另外再設立一千所大學，還是政治人物對兼任教師處境表達看法，又或者是開發了一套新的求職軟體讓校方與兼任教師可以查看彼此的檔案然後馬上滑出最心儀的對象。我們正在面對的是一整個系統的危機，等於是一個物種的消亡，我們必須有系統地思考因應之道。

說出夢想而不僅僅是恐懼

這在折磨你的心情。實在有太多的未知數。我想辦法不讓自己失望，我喜歡學生，喜歡教書，但我沒有助教，我教三個班有一百個學生，這實在讓人心灰意冷。我也在（附近一所公立大學）四十分鐘路程遠的地方上一門課。兩所學校最近都在砍預算，所以今年秋天可能就沒課了。而做了這麼多事，申請工作又落空實在令人心力交瘁。

——瑪麗安（Marianne），第一年非長聘教師

當我教寫作課的時候，我對學生說他們永遠不會知道自己的讀者是誰。我告訴他們，你**可以**做的是爲自己決定，決定自己對這個世界眞實的看法爲何，因爲你的作品或文章存在著。然後去想像，如果你可以說服你的盟友繼續爲此而奮鬥，這些人可能是誰？這個問題困擾了我整個學期。我**打從內心真的**想要眞實地瞭解這個世界，或者至少是高等教育的世界？誰能幫得上忙？

我希望每個學生都有機會變成一個他/她自己想不到的人。我希望每個學生轉系是因爲發現了新的摯愛、發現一種思考世界超乎想像的新方式。我希望每個學生在不同年級時都會

有兩、三個老師是他／她會很喜歡跟他一起吃午餐或喝咖啡的，是一個未來幾年會常常碰面的老師，而不是一個學期只有每週碰面一次或兩次的老師。

我希望每個年輕的研究生都能理解他／她為什麼是一名學者，也能瞭解到因為他／她的工作讓自己想要的是眞實地面對世界。我希望他們不只是在自己的大學當助教，也可以在三、四所不同類型的學校當助教，如此一來才可以掌握高等教育與學生的各種情況，瞭解什麼樣的服務形式最為迫切。我想要學術的思維方式——不是精通內容，而是渴望能不斷打破問題，質疑為什麼這件事重要，留意誰會受益、誰會被邊緣化——這些會帶來各式各樣的工作機會，而不只是關在學院裡頭與外界隔離。

撇開知識的內容，我希望每位老師都知道自己的使命是促進各種關係。我希望每位老師的天命是散播自己的世界觀，用咖啡與愛還有新同事的網絡，敞開手臂迎接興奮、躊躇不前的新同事。我希望老師們能為自己的研究生打幾通電話，帶著年輕的學生參加全國會議時喝一杯，並且帶他們拜會你所知最聰明、最有影響力的外校學者，並建立起關係。

我希望每個老師都知道，除了提供一種新文化與新社群的成員身分，他們也跟學生的家人及朋友重塑既有的成員身分。隨著學生的變化，當他們以意想不到的方式成長時，他們會跟那些相親相愛的人變成很熟悉的陌生人（familiar aliens）。我希望老師可以幫助自己的學生瞭解他們未來的雙重公民生活。我也想要大學跟學生的家人一起努力，幫助他們支持自己的小孩蛻變成受人喜愛的大人，即使只有一部分受到認可。

我希望每一個教師招聘委員會都會仔細看看他們身邊的人，不論是研究生兼任或是約聘老師，他們都是很努力教導學生的老師。我希望既有的老師、系主任和院長，都能從身邊找到聰明且善良的人，給他們更多事去做，更多投入工作的機會，然後獎勵他們的成功，有如在美國其他的工作場所會做的事。我希望他們可以放棄在全國尋找可能的明星，取而代之的是獎勵那些已經在特定領域證明自己能力並在校內受歡迎的老師。

接下來是獨角獸（unicorns）。你眞的無知到相信這個世界上有獨角獸嗎？

我們目前的做事方式已經根深柢固，以至於這一切渴望看起來就像是異想天開的烏托邦。我們之中的現實主義者會說：「哦，我們**永遠無法**那樣做」或者是「那**永遠不會**行得通」，然後，知道他們身爲成熟的大人，還是會回頭去處理一些比較簡單的日常瑣事，演變成一場管理悲劇。

但是讓我們搞清楚。我們現在正在做的事情行不通。這對於百萬名甚至更多的老師行不通，也對於那一半中途放棄的學生行不通。這甚至對於那些穩穩地待在高等教育，每天二十四小時、一週七天都在工作而犧牲家人與個人生活的老師行不通。請不要假裝任何的改變都有可能冒上偏離成功的風險，然後要求我們臣服於一些近乎理想的現況。

我們也要搞清楚，我們想要回去的「美好歲月」已經不復存在，除非我們可以回到一九七〇年代，或一八七〇年代，或是柏拉圖（Plato）與雅典學院（School of Athens）的那個年代。高等教育中並沒有對原生主義（originalism）的論證。我們可不想回到十九世紀，那時候，任何一個草率的教派或是不動產的奸商都可以毫無目標、不受監督地創辦一所「大學」。我們不想回到一九三〇年代，那時候，多數大學生都是天之驕子，不到10%的孩子可以上大學，然後大部分的美國人連中學都沒畢業。我們不想回到一九五〇年代，那時候，許多大學因政策而實行種族隔離，而且大多數校園組織在日常生活中都採取種族隔離。我們不想回到一九七〇年代，女性在許許多多的大學裡依然罕見，使得我們偶爾要用「男女同校」（coeds）這個詞。我們不想回到一九九〇年代，微小的彩虹三角形悄悄塞在幾個教授辦公室大門上面，代表這是校園裡一個少有的安全地點，學生（甚或同事）在此可以敞開自己的性別認同與性認同。

期待一所三十、五十或一百年前的大學，就像是期待一部三十、五十或一百年前的老車。現在的大學比過去的大學更豐富、強大、包容，也更有成效。我們靠著無數個明智的集體決定，還有幾百萬人出自善意追求好結果的行動，才來到現在這個地方。我們建立起來的高等教育模式是服務更多的人，以一種科學精密的方式領導世界。美國的高等教育愈來愈有能力處理各種族群、文化、性別、性取向以及政治認同的學生，也能夠應付各種外在及知識能力還有各種經濟與階級背景的學生。

並沒有人會做出直接且殘忍的政策決定，要把約聘教師與博士當作是變遷體系中消耗殆盡的物種。沒有人決定讓學者失業是一件好事。是滅亡本身趁我們不注意的時候闖進這領域；一直要到大量的屍體被帶到岸上，我們才會看得見。改變生態體系不會毫無痛楚，這會讓我們修改其他的好事，並且在過程中質疑我們的核心價值。

當前環境下的生存之道

我的第一個建議是根據紅十字會的分類精神所做：所有的建議都並非完美，也有點混亂，但是我們試著在災難之中挽救一些性命。

針對未來的大學生以及學生家長：

1.假如你要上的是社區學院或中產階級學校，你要知道的是，至少前幾年，你大多數會依賴的不是你的老師。諮商與輔導室，還有大學部的研究辦公室每天都會有人，但是站在教室前面上課的那個人不會每天都來。請確認你知道，並且充分利用了學校裡那些領薪水是爲了一直陪伴你到離開的人，因爲你的老師不會這樣做。

2.問出每個老師的身分。他們是兼任、約聘專任或是長聘？每個學期結束之後，聲援你最好的老師，不只是填寫課程評鑑或到RateMyProfessor.com發表意見，而要寫信給負責監督那個系的院長。想辦法拿到這些老師的個人電子郵件地址——接下來學習的路上你可能會一直有問題要問，你相信他們的判斷，而且反正他們也已經習慣免費服務。

3.盡一切可能全心投入課業，即使要犧牲一些看起來很必要的事情。改變你的命運不能只偶爾努力一下。建築界有一句老生常談：你可以蓋一棟便宜的房子，你可以蓋得很快，或者你可以蓋得很好——但只能選其中兩個。大學也是一樣：你可以享受便宜的教育，你可以選擇方便，或是選擇好的教育。三者不可能同時發生。

針對未來的研究生：

4.上網下載國家科學研究委員會的博士課程評鑑，申請非該領域前10%的學校時要特別謹慎。許多博士班都可以給你一場知識饗宴，但只有一些博士班可能帶給你求職市場上的機會。

5.一旦確定落腳的學校後，挑三、四個你最有可能跟他做論文的教授，打聽一下誰是他們目前還有最近指導的博士生。找他們聊天，瞭解他們被指導、冷落或是濫用的經驗。記得要仔細聽，聽出言外之意，並相信你聽到的。

針對大學與行政人員：

6.每當有人要你購買新技術或升級，或是啓動一個全新的學術支援方案，先問問自己，這相當於聘一個老師的幾成經費。自己一個人坐幾個小時，靜靜地思考這些工具對學生的好處是否超過校內再聘一位實力堅強的成員。

7.誠實面對每位約聘老師轉爲正職的機會。刊登求才廣告要正直，絕對不要暗示你明知道不可能的機會。如果你無意中聽到兼任教師若無其事地說出自己想要長期教下去的希望，打個電話跟他們好好聊一聊，讓他們知道那不會發生，並不是因爲他們不夠好，而是因爲兼任教師所處的結構中沒有終身聘。

8.假如你有個重要的研究議題，請考慮多聘幾個實驗室裡的專業人員來工作，而不是倚靠源源不絕、用過即丟的研究生。如果輝瑞藥廠（Pfizer）和微軟公司可以發薪水給員工，你應該也可以。

這些小習慣會使我們所有人做起事來更清楚、更有尊嚴，而且也可以在現存的體系之中看到曙光。

但是，目光放大一點。接下來讓我們看看，假如我們夠勇敢，要怎麼做才可以減輕約聘的負擔，以及爲什麼這對於每位局內人都有很大影響。

行動原則

這些文理學院裡的每一個人都會把你推向或拉向你想像不到的地方；他們任你失足滑倒，然後幫助你找到自己的立足點，但是他們不會讓你埋沒自己的潛力或本心……教書是充滿愛的行動。學生與教授在課堂上發展出一種良師益友的關係，教授變成學生登山的伙伴、校內的隊友、還有晚餐的主人與朋友。學習是同心協力而非相互競爭，價值最重要，伙伴也有影響。這些大學是充分協調的地方，整體遠大於部分的總和。

——洛倫．波普（Loren Pope）[4]

大約二十年前，《紐約時報》教育版編輯洛倫．波普出版了《改變人生的大學》（*Colleges That Change Lives*）一書，裡頭檢視了那些把培養學生作爲全人（而不是工人、準專業人士或是訓練研究生）當成主要任務的大學。波普列出的四十所大學（本書已經再版四次，有一些早期列入的學校會拿掉，另外一些後來加入），提供讓年輕人可以變得更好的良機。

儘管他並未說自己已詳盡無遺，但他很努力點出是哪幾所，還有細述這些學校爲什麼重要的原因。他從四千七百所學校中列出四十所改變人生的大學，比例不到百分之一。這本書又怎麼稱呼那四十所以外的學校呢？請看看一系列絲毫不激勵人心的稱呼。

讓你準備去讀另外一所大學的大學
讓你自生自滅但教你成為護理師的大學
具有無限選擇但圍繞著空洞價值的大學
確保你家族特權永恆不朽的大學
讓你遠離父母沒說出口的內心失落稍微久一點的大學

認眞地說，大學應該把改變大學裡頭每一個人的生命機會視爲基本任務。否則，就不應該自詡爲大學，而是應該改叫職業學校、聯邦研究實驗室、ＮＢＡ訓練營，或青年人的托兒所。

4 Pope, *Colleges that Change Lives*, p.4.

以下有四個指導原則，是我給任何值得就讀之大學所做的建議。任何一所大學都可以從各種不同的方式表現這些原則，以符合特定社群與其價值。但是，不管是什麼類型的學校，這些原則將幫助學校持續不斷往目標邁進，而不是受到恐懼、匱乏以及外部的法令所驅使。而且這一切將使約聘變成不可能。

原則一：關係至上

學校不僅僅是經濟體，不只是學生和老師，不只是教室裡的角色，也不僅僅是知識庫或資料庫。我們都是人，想要變得比現在更棒，想要找到其他人提供幫助。我們有一天都會死去，將因為扭轉了他人的人生而留存在人們心中——不是因為我們有能力解釋作家阿蘭達蒂．洛伊（Arundhati Roy）＊1或藝術家羅伊．利希滕斯坦（Roy Lichtenstein）＊2的作品，而是因為我們有能力幫助學生在更大的脈絡中讓自己結合觀念，並且幫助他們懂得其他複雜、完整之人曾做出決定的原因。

每個人都融合了獨特的知識和熱情，也結合了特定的能力與關懷。大學不是把某些多餘的東西排除在我們的學科或知識體系之外，而是要預設我們全部是整體，沒有什麼是多餘的。有數不清的研究都在探討大學裡跟朋友、最喜歡的老師形成各種關係後所產生的長期影響力與重要性。它向我們展示如何成爲一個最好的自己，使得我們度過靈魂的暗夜，通往想像不到的世界。這些關係還有培養出來的人格，遠勝於計算穿過牆結構傳導熱的能力，將會創造我們的未來。

以關係爲基礎的大學，不會同意把校內的任何成員當成工具，也不會允許剝削老師、學生、場地管理員或美式足球運動員。大學會要求全校所有的人一開始就帶著善意與好的意圖，也會使大家從第一次見面之後就帶著滿滿的敬意與尊嚴。這樣的大學珍惜每一個轉折的時刻，不只是考試或畢業典禮，而是從踏入校門那一刻開始，到意外離開學校，還有一路上地位改變以及達成目標的紀念時刻。一旦發生衝突，以關係爲基礎的大學還是一如往常，會先問誰的風險最大、誰的影響最大，還有誰安然度過風暴的資源最少。[5] 學校會把最好的老師分配給新生，也會讓校內最不穩定的新成員攀爬最堅固的樓梯。學校會提醒我們面對殘忍之事時有責任進行干預，學校會拉拔弱者變成強者。

以關係爲基礎的大學知道這群人來到學校時都已經有了穩固的關係，每個學生和老師都

---

*1 編註：印度英籍作家，以《微物之神》揚名世界文壇。

*2 編註：美國普普藝術藝術家。

5 這個概念借自Clare Cooper Marcus and Wendy Sarkissian, *Housing as if People Mattered*。

有另一半，也有父母和朋友。學校也要求我們對他們好一點，不要在晚上、週末與度假的時候寄惱人的電子郵件打擾。學校也會要我們向學生的家人說明，他們的關係將因爲小孩在學校的探索而改變，但是這些改變不必是痛苦的，也無須否定過去。以人際關係爲基礎的大學也有可能以微小的方式提供學生家人一些成長。

以關係爲基礎的大學不會採用一些不切實際的標準，不會把大學經驗再細分，然後拿到轉學市場上買賣。以人際關係爲基礎的大學熱愛自己獨一無二的工作，因校內獨特的教授而被賦予能力，也受到獨一無二的學生所追崇。學校會在校園內反映出學校有形的與文化的面貌，都市裡的大學跟農村裡的大學不會一樣，山區裡的大學和草原裡的大學也不會一樣，因爲形成大學脈絡的文化與資源不同。這樣的大學並不平凡，而是相當有特色的，校園裡的每個人會以微小但可以理解的方式改變大學的化學作用。

原則二：教授等於大學

妮可這位在三個不同的州兼課十年的老師說：「除了上教授的課，你還在大學裡做什麼？大部分學費應該花在這個部分。」假如我們眞的這樣做，會發生什麼事？

我們顯然可以增加專任教師的比例，如此一來，學生不斷與他們逐漸信任的大人互動，老師也就可以看到個別學生隨著時間成長，在不同領域有所表現。學校仍然會有少數幾名兼任教師，負責專門課程教學，或是頂替突然因爲家庭因素而請假的老師，但是絕大多數學生接觸的都會是穩定且一直在學校的老師。

我們也會減少專業人員的比例，由教授接手諮詢、指導、服務學習、出國留學、大學生研究、入學、娛樂和校內的體育活動。我明白這全部屬於專業知識領域，不是任何人都能勝任。但是有博士學位的並不是普通人。我有個曾經擔任教務長的朋友，我要引用這位教授的話：「取得博士學位，也就證明了我有把很多事情學得又快又好的能力。」只要再用心做點訓練，聰明的人就可以做好招生諮詢或校內的足球聯賽。如果老師的工作份量由每學期四門課降到兩門課，再加上統籌學校的海外學習計畫，學生就可以常常看到老師，**而且**看著他們身兼多職，也又可以從他們身上學到社會學或電子物理以外的熱情。

如果我們認爲老師就等於大學，也就會讓老師負責多數的行政事務。我們不難想像，校長與學務長是由大學裡的老師投票從同事間選出的，短暫的任期結束後就回歸與學生互動的日常角色。畢竟，這就是我們如何經營大多數小城市政府的方式——從鄰居之間選出一個人，讓他暫時管理及安排預算以處理剷雪和消防等事務。只有帝國需要君王，謙虛的大學懂得自治。

但是，更徹底瞭解這項原則會更令人興奮。我們可能會想像**教授們**作爲集合名詞眞的有能力採取集體行動。整體而言，教授可能會聘新的教授，而不是把工作機會賣給各個系。畢竟，教師完全負責整所學校，因此挑選新老師對他們來說很重要，找的人不但可以教需要的主題，更重要的是可以增加學校的文化和廣度。

教授還可以一起決定下一代的學生。目前已經由各系自己決定博士生，因此對此工作並不陌生。所以就讓教授團審查申請者，讓他們和未來的學生與家長聊一聊，錄取那些可以在學校裡面成長茁壯，同時還可能推動學校多往前走幾步的學生。

原則三：每個人無時無刻的學習

教育的標準型態如下，教室裡有個人知道，而其他一群人還不知道。教師所處的位置是一個很詭異的被動位置，老師是教室裡唯一不需要完成任何知識任務的人。

不到一個世紀前，心理學家列夫．維果茨基（Lev Vygotsky）創造出術語**「近側發展區間」**（*zone of proximal development*，一般說成ＺＰＤ），點出促進學習（而不是停滯或混亂）所出現的問題。ＺＰＤ的基本概念是老師或父母給孩子一個正好超過他能力所及的任務，然後協助他找出解決的辦法。不久之後，孩子可以自行完成任務，我們就可以把難度再往上提一點。

在一所名實相符的大學裡，每個人大部分的時間都是在近側發展區間。發展區裡的大學建立於看待問題的習慣之上，看到雜亂無章、界線不清，而且難以解決的問題，就會直搗問題，而不是躲躲閃閃的，或是留給其他人解決。發展區內的大學會要求我們接受新的機會，即使我們不能完全確定自己的能力，也要找到職員幫助我們迎向機會。發展區內的大學會一直爲他們的成員尋找新的解決方法，用一些他們覺得自己做不到的事來嚇嚇他們，並且從校內最好的兼任教師與研究生之中聘請新的老師，把他們提升到新的境界，並且更積極地融入所在的社群。

發展區內的大學亦會意識到學生也會帶著老師沒有的知識：一種改變文化的知識、一種新音樂的知識，以及他們年長的同事所不熟悉的身分位置。學校會建立一種期待，校園裡的每個人既是老師，也是學生。

近側發展區間的校內成員通常不會說：「永遠做不到。」他們通常會說：「讓我們試試看。」校內的成員比較不在意制度的前後連貫，而是更在意表現自己的機會。喜悅熱情帶來的錯誤將會取代錯失良機或自我設限帶來的錯誤。

原則四：證明它

由於對量化的迷戀，我們創造了迷思：我們深信一百二十個學分等於大學學位，成績B+算起來就是不等於A−，一位長聘副教授證明了自己就是值得終身聘。但是在經驗文化而非數字迷思的文化中，工人獲得提拔看的是工作表現，而不是工作了多長時間。太太永遠也無法想像要用B+來計算先生過去三個月來是否扮演好父親的角色。如果讀者覺得我們原先喜歡的作者最近出版的兩本書都不令人滿意，那我們就不會再看這作者的作品了。

經驗文化（而非量化迷思的文化）會要求看到好的成果。我們一直在討論什麼是好的成果，協商下一步的優先事項，也會固定回覆每個人的滿意度以及在意的事。

我們已經爲應該獨一無二的事情建立了規則，爲應該直接檢驗的事物添加指標。我們也已經對自己這麼做。舉例來說，沒有一條法律規定學生必須要主修某個科系。相關的標準是說學生必須有機會與義務去發展特定與個人感興趣的領域，並且證明他能夠駕馭這方面的理論與實務，具備豐富的知識，以及創造知識的方法。[6] 如果我們相信的是一步一腳印的實踐，而不是學分數和平均成績，我們就會要求定期展示每個學生的情況，並且和學生討論未來幾個成長的階段，讓他們可以非常熟練。假如我們相信學校教師的知識要不斷成長，我們就會要求他們固定地證明他們能夠有效發揮自己的好奇心，並且和他們坐下來討論他們的未來。

任何一所貨眞價實的大學隨時隨地都有穩定的表現，有計畫且把握機會去展現熱情促成執行時的高標準。學校會有作者的新書講座、編舞家的舞蹈發表會、大學管樂團的正式音樂會，還有來來去去的學生與教授音樂家在學生會的即興演出。我們不會等到十二月或五月的最後一週再來證明我們可以做什麼，而是無時無刻都在呈現。從新生到資深教授，再到餐廳的員工，校園裡洋溢著活潑熱情。

一所以績效爲中心的大學會固定討論所謂的卓越，不論是全面或針對特定方面。學校會培養內行的專家，讓他們可以分辨小小的差異，並解釋他們的重要性。學校會培養熱血的領袖，讓他們可以解釋實際作法上的細微差別，啓發一般的老百姓。

四項原則的總和

讓我們把上面四條指導原則，整理成一段任務的宣言。

6　例如：Commission on Institutions of Higher Education, Standard 4.19, 2016.

一所貨真價實的大學會努力促進並且尊重學校的人際關係網絡。學校的文化是由教授塑造引領。它會讓每個人進入一個終生學習的位置。它也要求定期公開展示學習成果。

這四條原則使得約聘變成難以想像的事。為了要說得更清楚一點，底下就談一下與每項原則相反的情況：

大學應該要看重知識內容甚於傳遞知識的人。大學的運作由經理人塑造引領。它把每個人綁在固定專業的固定角色，檢視並衡量學習的指標，只由內部專業的觀眾評估。

後面這段話是約聘教師最完美的成長溫床，我們將此視為理所當然，卻絕不會說這是現在大學的樣子。這幾乎是我曾造訪的每一所學院與大學心照不宣的使命。

我們無法透過戰鬥、工會和集體談判來減少約聘的現象，因為我們讓學校可以付人更高的薪水卻不需要尊重員工。我們無法藉著增加州政府或聯邦補助來減少約聘，因為我們已經證明把錢花在任何事物上都比把錢用在一個終身聘的教師還來得有吸引力。

只有改變我們的定義與價值觀，才能消除約聘。只有培養對人的尊重，藉著決定要獎勵公認的能力與善意而不是組織圖之中的角色，才能減少約聘。

學校需要一些勇氣才能參與這場辯論。大部分學校不會自找麻煩，而是比較喜歡它們所知道的惡魔。它們沒有掙扎就束手投降，然後列出幾百個它們爲何束手就擒的理由。學校裡最弱的一群人——老師與學生——會繼續爲此付出天大的代價。

AFTERMATH

結語

流浪人生

我太太於一九八二年從紐約市立大學的研究所完成環境心理學的博士學位，她的博士論文處理紐澤西松林泥炭地（Pine Barrens）一帶的人們爲自己打造一種地方感、家鄉感還有家族感的方式。

以當時的技術來說，她要先寄一份博士論文打字稿到密西根州安娜堡（Ann Arbor）給全美負責保存碩博士論文的大學微縮片國際公司（University Microfilms International），再從這家公司訂購十幾本裝訂好的博士論文，每本要價四十或五十美元，分別留給自己、父母、好友以及論文的口試委員。

幾個月後，她收到其中一個委員寄來一張小小的手寫感謝信。我照抄如下：

7／19

親愛的諾拉：

（我希望你能收到這封信）

謝謝妳寄來的信與論文，也感謝妳的誇獎。

我希望妳依然相信這一切很值得。妳非常地努力（有時候！）而且似乎還沒有找到工作！

祝好，

諾拉接下來先後任教於羅格斯大學、普拉特學院（Pratt Institute）、紐約室內設計學院（New York School of Interior Design）、時尚技術學院（Fashion Institute of Technology）、波士頓建築學院（Boston Architectural College）、綠山學院及卡斯爾頓州立學院。她從一九八二年開始教書，一路教過八〇年代、九〇年代和二〇〇〇年代，一直到二〇一四年：三十年來都是一門一門課的合約、優秀的課程評鑑、全心投入的學生，還有校方的不聞不問，以及冷漠以對。

我在一九九六年底完成博士論文，論文獲得很高的評價且迅速發表。我接著去賣家具，然後測量監獄周邊燈光的照明，還有青少年罪犯坐牢的時間。接下來待在學校內改革單位的兩年期間，我困惑的是大家很少談論到學生。四十四歲時，我成爲一名師資博士後，進度已經遠遠落後於大部分成功拿到終身職的長聘教師。接下來我得到一個行政缺，然後又到另外一所專業學院做行政，幾乎沒有太多空間讀書做研究。接著，我就到高等教育裡數量多到數不清的共生組織（symbiont organizations），以志工的身分擔任其中一個組織的主管，身邊都是些功成名就的人，他們早就通過那一道在我求著進入時對我關上的大門。我一邊尋找他們成功的原因，同時也思考著自己的失敗。

我只能說，自己四十多歲那幾年都陷在神經衰弱裡頭。悲傷會讓一個人瘋狂，根本就不可能撐得過去，即使是我也是一樣。我走出來工作，可以說這樣對我最好。在杜克大學教書的四年救了我一命，至少白天的時候是如此，但是工作的時候我無時無刻不看著日曆，知道自己在天堂的好日子都有個期限，之後我會再次被趕出去。

我一邊努力執行專案計畫，也試著把目光投向外頭，討論身邊正發生的事，找出事實，並且建立人脈。但是在高等教育裡頭找不到歸屬感的悲傷，已經用盡全力做每一件事的悲傷，還有事情不如人意的悲傷……不斷有人對我說做得很棒以及我的付出影響很大，即使遲遲見不到回報——十年青春就這樣耗掉。這影響了我的身體健康，也影響了我的心理健康，還搞掉我第一次婚姻。它重新開啓我小時候對於被人遺棄和拒絕的所有恐懼。這是一道裂縫，而我在一九九六至九七年找工作期間就已經掉了進去，從那個時候開始我就沒有眞正完全爬起來過，直到在二〇一三年徹底離開高等教育圈爲止。

過去幾年，我協助兩所大學做認證，參加了一些教師生涯發展的活動，現在則在撰寫約聘教師學術勞動力的相關文章。我還意識到自己非常厭惡這一切，厭惡當一個想要公正不阿、採取平衡立場的人，並且從宏觀角度看待身邊幾十萬名約聘教師的不幸，以及其他幾十萬名專任教師安穩且往往平庸的終身工作。

我與高等教育的每一次接觸，都會把我再帶回去那道裂縫。讓我對其他人又羨慕又嫉妒，讓我再次得出一個有如常識的結論：我**當然**不夠好，我**當然**從頭到尾都做錯了。讓我再次從自己學者、老師及學界的身分出發，從理性、分析與策略的角度看待事情。

爲了我太太最近的研究，我和她跑了一趟田野。我們去到了新罕布夏州的亨尼克（Hennicker），新英格蘭學院（New England College）的所在地。當我們開車穿過小而美的校園，看見學校建築的白色隔板，我再次被我曾經渴望的生活所迷惑：當一個善良、聰明的人，帶領一代又一代的學生在一個不受干擾、有如修道院般的校園裡走進多彩多姿的成人世界。一所好大學校園裡的樂聲總讓人情不自禁跟著哼唱，歌曲再次來到我的心中，即使只有片刻，也讓我意識到那寂靜無聲、獨自一人的時候有多疼痛。

高等教育兼任教師的結構性問題不只是量化。這不僅僅是兼任的薪水很差，也不僅僅是我們的學生沒有適當的機會跟上課的老師建立長久的關係。這也涉及到恐懼、絕望、投降、羞辱……一切金錢與政策都忽略了混亂、看不見的人性因素。

寫這本書讓我付出巨大的代價。我又一次要在面對莫名的悲痛時顯得理性，試著在我的內心與腦中找到一塊地方，給那個從來沒有我容身之處的社群。

兼任教師的故事、博士後的故事、還有那些走在「另類職業生涯者」的故事，這些故事不會完整，除非我們承認自己是難民，來自那個沒有我們容身之處的國家。我們已經找到通向無數大陸的道路，但是內心依然放不下那個遍尋不著的家園。我們之中有許多人在寧靜的時刻，依然會哀悼所屬社群的消失，有如我們爲自己在不同的土地上鋪下破碎的道路。

> ……針對某一所學校寫求職信的具體、生理以及認知的行動，可能還包括調查那所學校、科系以及所在的城市；考慮搬到另一個地方對現有人際關係的影響；接受學校的任務與價值觀，同時想想這些價值觀與你的價值有何關係；透過系上的資料或是專業網站瞭解現有的老師，想一想他們可能是未來的同事，想一想他們的工作與自己工作的關係；展望並且共同打造代表未來可能的圖像：找出一個說法把自己放進某一個學程、科系、大學或城鎮；然後再把這些新的關係連結寫進二至三頁單行間距的求職信之中。
>
> ——詹妮弗・薩諾・弗朗西尼（Jennifer Sano- Franchini）[1]

1 Sano-Franchini, "I's Like Writing Yourself into a Codependent Relationship," 106-7

決定加入一個社群從來不單單是理性考量。我們發現一種我們覺得有吸引力的生活方式、一步步瞭解它，然後開始跟那些抱持相同價值的人交朋友。我們改變自己的表達方式、與人交往的方式，還有內心的熱情。我們的行事曆標示著各式各樣的限制，不是生日或感恩節，而是要讓自己配合學期、補助申請的期限以及學科的全國會議週。

爲了加入新的文化，我們也變成全新的自己。我們清楚自己要成爲那群人的一分子，將面對激烈的競爭。我們讓自己成爲一個競爭者，加入一場大家都不知道自己爲何而來的選美大賽。我們想像只要打扮亮眼，或是搭配正確的舞台音樂，自己就有可能雀屏中選。我們嗅一下現場的氣氛，希望有話可以照抄，掌握今年的流行色，然後在走過伸展台的時候希望讓評審覺得賞心悅目，期待那罕見且天外飛來的欣賞肯定，能夠讓我們從一堆廢檔案中擠進大名單，再擠進決選名單，最後有機會可以拜訪學院（眞敢想啊?!），再提供我們加入的機會。

少數幾個擠進去了，可大多數人都不得其門而入。但是高等教育獨有的殘酷之處，就是永遠都有第三個選項——約聘人生那巨大的煉獄，你既不受到歡迎，也沒有被拒絕，而是成爲華廈旁的違章建築，做一些比我們優秀的人都不大想做的工作。

抱著對知識自由、工作穩定以及獻身文學的期待，再加上急於拿回攻讀博士所投入

> 的時間，使得年輕學者有強烈的誘因要繼續追求終身聘的工作，然後一邊在週二與週四的時候去賣血。
>
> ——凱文・伯明翰（Kevin Birmingham）[2]

同樣地，理性主義者可能會說我們應該走開，應該拒絕支持一個我行我素的行業。但弔詭的是，知識工作並不單單是理性考量，它是一種渴望，是我們的身分認同，是一個讓我們單戀的社群。因此，我們寫下了一篇不正常的故事，而我們在故事裡至少有個角色，還可以爲我們所屬的路途命名。此外，整個產業也樂於幫我們生產這篇故事，使得我們緊緊貼著，而且可以多被利用一段時間。

因此，你可能會覺得自己需要在那個你可能不喜歡、但至少能主動參與的敘事裡頭找回初心。畢竟，這可能意味著兩情相悅，讓你第一次覺得自己被需要，雖然你知道事情並非這麼一回事。或者，好好與人相處，然後希望你未來會發現對方真的很重視你，而不只是希望得到你的身體。或者是盡可能在交易中獲取利益，不管能獲得什麼。這看

2　Birmingham, "The Great Shame of our Profession."

起來軟弱，但卻是為了要取得控制所做的努力。

——賈・托倫蒂諾（Jia Tolentino）[3]

約聘的人生，就像任何一個有家暴伴侶的人生，需要我們精心製造情感的防護。我們想像只要我們做得更好，愛就會隨之而來。我們害怕受到懲罰，所以如履薄冰。假如我們離開了，甚至不確定自己最基本的溫飽，即使知道每一堂課只有幾千美元實在可怕，但是也沒有其他明顯可安身立命之處。加入約聘可能看起來很軟弱，但卻是努力要取得控制，試著要在裂縫那凹凸不平、破碎的表面上找到一小塊立足之處。

我曾經想改變世界。現在我只想帶著一絲尊嚴踏出這個房間。

——洛圖斯・溫斯托克（Lotus Weinstock）[4]

朋友每隔一段時間就會問我，是否申請過那些看起來像在公開徵求大學校長或教務長的職位。雖然我非常感謝他們的好心和樂觀，但我幾乎想不到有什麼工作是我更不想要的。我的目標一直沒那麼大，我只想要教書與寫作，就這樣而已。

我有兩位好友，最近都當了大學校長。其中一個去年秋天來我家拜訪，因爲她跟她丈夫把小孩送到附近的大學就讀。我和她與家人一起共進晚餐，席間無所不談，其中一部分令人不悅的主題就是高等教育，她正好提到自己發現學校花了多少經費在運動方面，「花了那麼多錢，我們應該要表現得更好。」她說。

這段短短的對話，大約只有二十秒，完全打中我從來就不想要成爲大學校長的理由，我對於女子足球與男子高爾夫並不特別感興趣，我也從來沒想過要負責房地產，或是跟校園所在城市就消防部門以及負責回應校園事件的緊急救護技術人員（EMT）的捐助討價還價。我從沒想過要成立一個自己的治安部門、健康中心、性侵因應小組、法律部門或是廣告部門。我從沒想過要監督一大堆伺服器、無線網路、校車系統、校外旅行政策或保險公司。我進入高等教育純粹是爲了自己，因爲我想要當個老師、當個作家，因爲這些事情對我很重要。我眞的沒辦法想像爲了自己剩下的人生要放棄一切，糾結在公司的品牌經營和董事關係。

但就像任何上癮的人一樣，每當高等教育再次召喚，我就必須戰戰兢兢。我知道成爲邪教的一員意味著什麼，面對擺在眼前的事實，你必須要保持信念、堅持不懈並鞠躬盡瘁。我

3　Tolentino, Jia, "How Men like Harvey Weinstein Implicate Their Victims in Their Acts."

4　引自米契爾（John Cameron Mitchell）的電影《性愛巴士》（*Shortbus*）。

知道這表示要接受一半的薪水，然後在一個世俗的專業職位做了六年之後離鄉背井，再進到學院擔任博士後。你要對於放棄大好前途、對於放棄經濟穩定**心懷感激**，一切就為了再次成為高等教育的一員。

我內心某部分還是難以忘懷。這種信念深入我的骨子裡，理性只能稍微將它沖淡。這印記仍然存在，隱隱約約、偶爾繚繞於腦海中，這一切都因為它勇於追夢而更受尊敬。博士後結束，我到了一所大學做了七年職員，因為我受不了離開自己鍾愛的大學，即使它棄我於不顧。因為我就是放不下。

一切邪教和所有施虐者的運作方式都一樣，帶著我們離開朋友和家人，要求你更努力、更犧牲還要更多奉獻，到頭來卻發現，我們依然和應允的下一站保持著看得到卻搆不著的距離。犧牲變成常態之後，就是更多的犧牲，奉獻的回報就是奉獻本身，飢餓就是最好的糧食。

附錄 A

追蹤文化變遷的元素

本書主要的論證是各種因素的變遷，一起使得約聘教師成爲高等教育景觀裡的常態。這就是所謂的文化——無數個別的選擇相互構成一種生活方式。

附錄A會進行過去與現在的比較，列出我心目中一些文化變遷的指標。其中沒有任何一個指標本身就足以「解釋」約聘的出現，但如果再加入我在整本書的觀點，我認爲這些指標都強力暗示我們棲息的生態體系的變遷。想想這些資料作爲一個很基礎的實驗室專題討論小組，可以引領你針對特定關心的領域，提問一些更具體的問題。

表9　未來新的教授人數過度供給

論點：未來新的教授人數增加會提高長聘職缺的競爭，而同時長聘職缺的工作機會卻在減少。

過去（1976） 32,511	新科博士[1]	現在（2016） 54,904
過去（1976） 317,477	新科碩士[2]	現在（2012） 754,229
過去（1999） 240	授予博士學位的學校數[3]	現在（2016） 328
過去（2005） 1,193	人文學科的長聘工作缺[4]	現在（2016） 552
過去（1976） 68.6%	專任教授的比例[5]	現在（2016） 49.3%

資料來源：

1 National Center for Science and Engineering Statistics, National Science Foundation, "Survey of Earned Doctorates."

2 National Center for Education Statistics, US Department of Education.

3 National Center for Education Statistics, US Department of Education.

4 Modern Language Association, *Report on the MLA Job Information List, 2015–16.* 我們應該更努力統計更多學科的資料。

5 National Center for Education Statistics, US Department of Education.

表10　大學各項收入來源的變化

論點：先前穩定的各種收入，學校、州政府補助、捐贈與利息都已經改變，而且大學必須面對較難以預測的收入。此外，研究資助以及金融投資愈來愈像是商業元素而不是教育，因此也就吸走更多的學校關注與資源。

請注意：所有數字都考慮到通貨膨脹因素而有所調整。

過去（1988） $3,190	公立學校的州民平均學費[1]	現在（2018） $9,970
以1986年 為比較基準	州政府對每個全職員工的補助[2]	現在（2016） 減少17.2%
過去（1976） $67億	聯邦的研究補助[3]	現在（2015） $236億
過去（1993） $1,400億	大學財產的總市值[4]	現在（2014） $5,350億

資料來源：

1. College Board, "Trends in College Pricing."
2. College Board, "Trends in College Pricing."
3. American Association for the Advancement of Science, "Historical Trends in Federal R&D."
4 National Center for Education Statistics, US Department of Education. See also Hsiu-Ling Lee, "The Growth and Stratification of College Endowments in the United States," *International Journal of Educational Advancement* 8, no. 3–4 (September 2008): 136–51.

表11　大學部教育的學生人數統計的變化

論點：隨著大學裡的學生愈來愈多元，大學愈來愈瞭解生活經驗與需求的差異，教授以外的專業職員會提供更多樣的學生服務。（也有可能的是，更多元的學生群體並未立即得到立法者的支持。）

過去（1976） 47.3%女性	女學生更多[1]	現在（2015） 56.3%女性
過去（1976） 15.7%有色人種學生	白人學生更少	現在（2015） 42.4%有色人種學生
過去（1980） 38%的學生在25歲以上	「非傳統的」學生增加	現在（2015） 41%的學生在25歲以上
過去（1990） 30%	中學已經有學習障礙的學生進入大學就讀的比例更高[2]	現在（2005） 48%

資料來源：

1　本表前三列的資料來自美國國家教育統計中心（National Center for Education Statistics, US Department of Education.）

2　Cortelia and Horowitz, *The State of Learning Disabilities*, 3rd edition (2014).

表12　入學人數的變化

論點：由於入學人數上下波動，約聘教師比較容易「調整規模」以適應難以預測的學生總人數。社區學院特別容易受到入學率暴跌的傷害，因此最依賴約聘老師。

過去（1980） 41%非全職學生	非全職的學生	現在（2015） 39%非全職學生
高（2010） 18,082,427	過去十年來大學部註冊人數的最高點與最低點	低（2015） 17,036,778
高（2010） 7,683,597	過去十年來二年制學院註冊人數的最高點與最低點	低（2016） 6,090,245

資料來源：美國國家教育統計中心。

表13 流動的學生

論點：當學生可以挑選任何地方的任何一所大學，並且在轉學時帶走他們的學分，導論性的課程就更會被商業化，而且在概念與內容方面也會相對統一，可以由訓練比較不紮實的老師以較低的成本產製。當學校想要搶攻其他地區的學生並捍衛自己的學生時，也就需要投資更多經費在聘人。

過去（1972級） 21%	轉學生[1]	現在（2008級） 37%
過去（2004） 25%	外州學生 （樣本爲一百所公立大學）[2]	現在（2014） 33%

資料來源：

1 現在的數據是來自National Student Clearinghouse；歷史數據來自：National Center for Education Statistics, "Transfer Students in Institutions of Higher Education" (1980)。

2 Nick Anderson and Kennedy Elliott, "At 'State U.,' a Surge of Students from Out of State." *Washington Post*, January 26, 2016. https://www.washingtonpost.com/graphics/local/declining- in- state- students/..

表14　大學生主修科系的改變

論點：轉向明顯是預備就業的學歷，會增加教師的流動性，以滿足技術與經濟的變化。人文教育等傳統學科成長的速度跟不上整個高等教育的成長速度；愈是技術與就業導向的學科，成長的速度都比整體平均要快。幾個成長比較快的科系，往往也是最狂熱的技術消費者，因此增加了每位學生在聘請老師以外的花費。

過去（1976）	每年取得大學學歷的人數學	現在（2016）
925,746		1,920,718 （增加107%）
41,452	英語與文學	42,795 （增加3%）
126,396	社會科學與歷史	161,230 （增加28%）
15,984	數學與統計	22,777 （增加42%）
19,236	化學、地質學與物理	27,977 （增加45%）
29,630	機械	70,104 （增加137%）
53,885	醫療專業	288,896 （增加436%）
5,652	電腦科學	64,405 （增加1,040%）

資料來源：美國國家教育統計中心。

表15　專業人員、非教師與非主管人員的增加

論點：高等教育的非教師專業人員增加得非常快。教師以及非專業的職員更常對外發包。雖然「全職教師」的比例依然穩定維持在21%，但這是把不斷增加的全職非長聘教師的比例也算進去，這種情況比過去還要常見。非專業的人員大幅減少主要是因爲大學裡的維護、打掃、餐廳服務以及保全服務等，有愈來愈多服務是從外面的公司購買。

過去（1991）	高等教育聘用總人數	現在（2016）
2,545,235		3,928,596
535,623（21%）	全職教授	815760（21%）
290,629（11%）	兼任教師	732972（19%）
144,755（6%）	主管、行政與管理人員	259267（7%）
197,751（8%）	研究生助理（助教與研究助理）	376043（10%）
426,702（17%）	非教師專業人員	986621（25%）
949,775（37%）	所有非專業人員	755917（19%）

資料來源：美國國家教育統計中心。

表16　大學主管薪資增加

論點：隨著學院與大學變得更複雜，加上尋找收入的形式更多元，所以資深主管的薪資也一直在增加。

過去（2008） 9	私立大學校長薪水超過一百萬美元的學校數	現在（2015） 58
過去（2010） 1	公立大學校長薪水超過一百萬美元的學校數	現在（2016） 8

資料來源：Bauman, Davis, and O'Leary, "Executive Compensation at Private and Public Colleges."

表17　興趣從生產者轉移到消費者

論點：當我們逐漸成爲一個更精明也更錙銖必較的消費者，也就鼓勵我們要漠視生產物品與服務的環境條件。

過去（2000） 22%	線上購物的美國人[1]	現在（2016） 79%
過去（2006） 100,000	Yelp網站上累積的評價數[2]	現在（2018） 155,000,000
過去（1983） 20.1%	工會裡的受薪工人[3]	現在（2017） 10.7%

資料來源：

1　Smith and Anderson, "Online Shopping and E- Commerce."

2　2006年的資料引自：Hillary Dixler Canavan, "Yelp Turns 10," *Eater*, August 5, 2014; 2018 年的資料引自：Yelp factsheet, March 1, 2018。

3　Bureau of Labor Statistics, US Department of Labor.

表18　希望勞動

論點：競爭的勞動市場上，個人工作得到的低於市場價值，甚至是一分錢也沒拿，只爲了「先獲得一個有利於將來發展的地位」，這個策略是寄望在下一個工作階段可以得到回報。

過去（2006） 20,000	YouTube上每一天上傳的影片數[1]	現在（2013） 1,000,000
過去（2010） 152,978	每一年自費出版的ISBN數[2]	現在（2015） 727,125

資料來源：

1 Golnari, Li, and Zhang, "What Drives the Growth of YouTube?" Proceedings of the sixth ASE International Conference on Social Computing, 2014.

2 Bowker/ProQuest, "Self- Publishing in the United States, 2010–2015."

表19　零工經濟

論點：美國與歐洲有多達1.5億人在零工經濟中工作。接案取代全職逐漸成爲我們經濟結構中的常態，即使這類工作的微薄收入並未全面公開。

成立	零工工作	每月平均收入
Uber 2009 Lyft 2012	計程車司機	Uber $365 Lyft $377
Airbnb 2008…… Getaround 2009	民宿管理與租賃代理	Airbnb $294 Getaround $98
Doordash 2009 Postmates 2011	快遞	Doordash $229 Postmates $174
TaskRabbit 2008 Etsy 2005	手工藝人員／建築工人	TaskRabbit $380 Etsy $151

資料來源：Erika Fry and Nicolas Rapp, "This Is the Average Pay at Lyft, Uber, Airbnb, and More," *Fortune*, June 27, 2017。請注意這些資料只涵蓋那些申請小生意補助的賣家；整個零工社群的工人幾乎都賺得更少。

表20　專業中的女性

論點：當一項專業對女性更開放時，該專業的薪水就會逐步下滑、工作條件愈來愈差、獨立性也不斷降低。

過去（1987） 33.2%	女性教授的比例（不區分專任與兼任）[1]	現在（2016） 49.3%
過去（1981） 教授 90% 副教授 95% 助理教授 95% 授課老師 96% 講師 88% 無等級 90%	不同等級的男教授與女教授的薪水差異（女教授是男教授薪水的百分比）[2]	現在（2016） 教授 85% 副教授 93% 助理教授 92% 授課老師 96% 講師 91% 無等級 93%
過去（1986） 35.4%	博士的女性比例[3]	現在（2016） 46.0%
過去（1981） 50%	碩士的女性比例[4]	現在（2016） 59%

資料來源：

1 National Center for Education Statistics, US Department of Education.

2 National Center for Education Statistics, US Department of Education.

3 Survey of Earned Doctorates, National Science Foundation.

4 National Center for Education Statistics, US Department of Education.

表21　專業中的女性

論點：各種形式的數位技術已成爲社會與學校生活不可或缺的一部分，大學的回應是將這些技術變成幾乎是全球可得。高等教育因爲研究能力與學生專業訓練之需，特別會受到技術支出的衝擊。

過去（2010） $815	各類型大學每個人（全職學生與員工）在重要資訊科技上開支的中位數；[1] 請注意這裡所說的重要資訊科技並不包括特定系所在實驗室與教室裡的技術	現在（2015） $917
過去（2010） 62.6（百萬）	無線網路需求增加；美國的智慧手機使用者總人數	現現在（2017） 224.3（百萬）
過去（2002） 66	護理學校在模擬病房裡使用高仿眞假人的學校總數[2]	現在（2010） 917

資料來源：

1　2015 EDUCAUSE Core Data Service Benchmarking Report.

2　Zak Jason, “A Brief History of Nursing Simulation,” Connell School of Nursing, Boston College, May 25, 2015. https://www.bc.edu/bc- web/schools/cson/cson- news/Abriefhistoryofnursingsimulation.html.

表22　嬰兒潮效應

論點：嬰兒潮世代（1946-64出生）比起前後期出生的人數量龐大，使得這群人在人生旅途的每一個階段都造成公共服務的獨特需求，從小孩到大學，從爲人父母到退休。人口不成比例的膨脹，經常造成嬰兒潮世代的需求優先於其他世代的需求。

過去（1964） 192（百萬）	美國總人口	現在（2017） 325（百萬）
過去（1964） 67	未成年扶養比（每一百個18-64歲的成年人要撫養未成年人口的比例）	現在（2011） 37
過去（1964） 18	老年人扶養比（每一百個18-64歲的成年人要撫養65歲以上的老年人口的比例）	現在（2015） 25

資料來源：US Census

附錄 B

學術生涯的校準協議

一九八三年，福塞爾出版一本有趣、令人驚奇的書，書名就叫做《階級》。他在書中收錄了一個名爲「客廳量尺」的測驗。讀者先由總分一百分開始，從客廳看到的各種東西加上或減去分數，最後總分決定她或他的家庭地位是工人無產階級或是上層布爾喬亞（bourgeois）。客廳茶几上的雜誌會加分（《巴黎競賽雜誌》〔*Paris Match*〕、《紐約時報書評》〔*The New York Review of Books*〕）或減分（《大眾力學》〔*Popular Mechanics*〕、《田野與溪流》〔*Field and Stream*〕）。牆上的藝術品也可能會加分（當代藝術家的原創或複製品）或減分（家人的畫作）。

同樣地，我想提供一套實用的量尺，幫助研究生讀者或是他們焦躁不安的父母瞭解他們搖擺不定的學術生涯。或許更重要的是，如果你剛開始要投入讀研究所，你可以用此校準標準，當作你往前邁進的一連串標記。你現在可能只有八十分，但三年後或許可以有二百五十分……而接下來你會看到怎麼分數怎麼算。

從一百分開始，根據你對以下相關問題的回答，加上或減去表格所說的分數。然後再查協議後面所提供的量表（表23），得出你最有可能的學術生涯軌跡。

請注意：這裡所用的「學科」，我指的是常見的以科系爲規模的內容區分。比方說，心理學是學科，行爲、環境與發展心理學是次學科。英語是學科，寫作、修辭、文學與創作是次學科。

1. 我是：

- 男性……………………………………+26
- 女性、沒有小孩、同性戀……………+4
- 女性、沒有小孩、異性戀、單身……+2
- 女性、沒有小孩、異性戀、有交往對象……-8
- 女性、有小孩…………………………-10
- 其他……………………………………0

由此看來，身爲女性對於在高等教育找工作的負面影響，似乎要比身爲小孩的主要照顧者要低，即使小孩是處於一種假設的狀況。因此，男性加很多分，因爲他們永遠不用負擔小孩主要照顧者的責任，而女同性戀則小加給分，因爲這預設（經常是誤解）她們不會有小孩。任何一件事都有風險。

2. 我的研究所

- 排名全世界前二十名……+18
- 落在二十名之外……-12
- 落在五十名之外……-26
- 我不知道排名……-36

只有名校的學生才能拿到好的工作。假如你不清楚自己研究所的排名，那其他方面的準備也不會太好。

3. 我的學科在全美＿＿所大學有大學部。

- 兩千以上……+2
- 一至兩千……+12
- 五百至一千……-6

● 不到五百……………………………………-16
● 我的研究所全美只有十幾所……………………-30

最佳的甜蜜點是一千或兩千所。如果你的學科每一所學校都有這個科系（英文或者說數學），所有的大學部學分都是可以帶來帶去的商品，那比較不符合資格的人也一直都可以教這門導論課，兩項因素都會減輕學校聘用老師的壓力。

4. 我將在＿＿＿＿＿完成博士學位。

● 三十歲以下……………………………………+8
● 三十到三十二歲………………………………+4
● 三十二到三十四歲……………………………0
● 三十四到三十七歲……………………………-6
● 三十七到四十歲………………………………-10
● 超過四十歲……………………………………-14

如果你在三十歲以下取得博士學位，你一路從中學、大學一直念到研究所，也就說明你有各種人生的優勢。如果你的道路比較曲折，你會把別人嚇跑。聘任委員不能合法地問你原因，但是他們會猜，而猜的答案通常不會加分。

5. 我發表論文的場合（全部加起來）

- 學科內大型的全國會議……+10
- 一次以上……+16
- 小型的全國會議……-2
- 區域型學科會議……0
- 跨領域的會議……-8

在大型會議上發表論文不僅在知識上很重要，對於人脈也很有好處。會有愈來愈多人認識你。假如你想要跑到學科主流之外，那你的忠誠度就會受到公開質疑。

6. 我的論文指導教授是：

- 學科內世界著名學者……+24
- 學科內全國著名學者……+14

- 只在學科內的次領域有知名度……… -2
- 學科內並不有名……… -16

後台愈大，可以進去的俱樂部就愈多。

7. 我的論文指導教授：

- 長期都是全國學會的核心……… +16
- 在全國研討會上受到朋友與同事包圍……… +14
- 在全國研討會上有幾位密友……… +6
- 在研討會上像個局外人……… -12
- 在研討會上大家都主動迴避……… -22
- 不參加研討會……… -18

愈多人信任或喜歡你的老闆，你老闆的支持就更有價值。

8. 我的論文指導教授是：

- 大力支持我與我的論文……+14
- 不大在意或不想費太多心力……-8
- 不喜歡我或覺得我的論文無關緊要……-16

第 6 與第 7 個問題代表的潛在能量，要以某種方式轉換成動能。你的老闆會提供那個火花嗎？

9. 我父母現在或曾經從事的工作：

- 資源產業（農林漁木礦）……-18
- 工業（製造、貨運、倉儲與機械）……-14
- 個人服務（美髮、服務生、接待員、基礎教育等）……-14
- 專業性工作（醫療、法律、設計、出版等）……+8
- 經理人與金融（投資、仲介、企業主管等）……+6
- 大學教師或行政人員……+24

廣義來說預期要精通專業生活的用語，具體來說就是受過高等教育。如果白領生活是第二語言，你需要大量練習。先找一本我爲剛入門者出版的指南《博士字典》（*PhDictionary*）吧！

10. 我父母讀過（父母加起來除以二）：

- 祖父母讀的同一所大學……+18
- 其中一個或兩個讀過我讀的大學……+14
- 一所篩選學生的大學，但是家族沒人讀過……+8
- 一比較不挑學生的大學……-4
- 社區學院／職業學校……-12
- 中學……-24

這一題和第9題相關，但測量的是社會階級具體的種族關聯（tribal affiliations），而用的是教育的成員身分。不是我們所預期的**教育成就**（educational attainment），而是**成員身分**（membership）。你必須證明你是「有資格入會」（clubbable），這是一種世代特質。

11. 我讀的大學：

- 在其他州而不在我的故鄉 ………… +12
- 在我的故鄉，私立學校的住宿生 ………… +8
- 在我的故鄉，公立學校的住宿生 ………… -12
- 在我的故鄉，住在家裡 ………… -26

這是另一個社會階級的問題，但是這跟你與家人是否願意去調查教育選擇有關，還有你是否有錢讓你做任何你學到的事。

12. 我讀研究所的時間是：

- 大學畢業後馬上就讀 ………… +6
- 在相關的專業領域工作了一兩年之後 ………… +2
- 在不相關的領域工作了一兩年之後 ………… -10
- 工作超過兩年之後 ………… -14

這和第4題有關（完成博士學位的年紀），但談的不是特權而是忠誠度。進入讓人顫抖的商業世界中打滾一段時間，代表的這個人是傭兵，而不是忠於修道院的秩序。

13. **身為一名研究生（把有得分的部分加總）：**

- 我一直參與有校外補助的研究……………………………………+8
- 我一直參與沒有補助或只有校內補助的研究……………………0
- 自己或與他人合作在重要且有同儕審查的期刊發表論文…………+8（每篇）
- 自己或與他人合作在次要且有同儕審查的期刊發表論文…………+4（每篇）
- 我自己或幫助人寫過成功獲得補助的研究計畫申請書
  - ■金額低於三萬……………………………………………+4（每篇）
  - ■金額三萬到十萬…………………………………………+10（每篇）
  - ■金額超過十萬……………………………………………+22（每篇）
- 一直有學術出版社想出版我的博士論文…………………………+8

這一題代表個人的才能。身爲一名研究生你是否一直在證明自己是個有生產力的學者？你需要拿出自己的研究成果才能獲聘，而你那些資深的同事也必須爲了爭取終身聘而發表，所以早點開始吧。

14. 完成博士學位後：

- 我到哪裡都可以……+6
- 我受限於地點，但要距離前十大都會區不超過五十英哩……-10
- 我受限於地點，但是距離前十大都會區五十英哩以上……-44

這需要解釋嗎？找工作就是要全國找。如果你無法或不願意移動，也就會被大部分的工作排除在外。

15. 我父母：

- 遺傳了一付漂亮的牙齒給我……0
- 在我小時候帶我去矯正牙齒……+4
- 想要帶我去矯正牙齒，但是眞的負擔不起……-8
- 從沒想像過矯正牙齒對人生有何影響……-16

這一題跟第11題一樣，看的是資源與家庭想像力的綜合影響。

16.美國男性的平均身高是五呎十吋（一七八公分），女性的平均身高是五呎四吋（一六三公分），你的身高是：

- 全國平均的正負兩吋……0
- 超過全國平均二至四吋……+4
- 低於全國平均二至四吋……-8
- 超過全國平均四吋以上……+2
- 低於全國平均四吋以上……-12

有大量的研究證明，身高與收入成正比。你不會想要鶴立雞群，但還是要比平均高會比較好。

17.「理想」的體重，以BMI表示大約是20。我的BMI是：

- 低於15……0（女性），-8（男性）
- 15到20……+4（女性），-2（男性）
- 20到25……-2（女性），+6（男性）
- 25到30……-12（女性），-4（男性）

- 超過30……-18（女性男性）

這是很廣義的文化。男性應該「結實」，女性應該「苗條」。羞辱胖子是我們依然參與的唯一偏見，是我們文化裡一種帶有罪惡感的愉悅。

18. 我有沒有刺青：

- 沒有……0
- 我的同事永遠看不到的地方，謝謝……0
- 上班時有時候看得到
  - ■文字／愛心／錨／骷髏頭等……-8
  - ■種族象徵／幾何圖形／帶有嘲諷意味……+4
- 任何社交場合都看得到……-22

招聘委員會裡的怪老頭會把自己想得有點潮，所以細膩又帶有藝術風格的刺青可能會有用。至於彰顯你是工人階級的刺青，或是藏不住的刺青，就注定是厄運了。如同民間智慧的建議：「別刺一個讓評審看得到的刺青。」

19. 當我說話的時候：

- 沒有人猜得到我在哪裡出生哪裡長大……0
- 偶爾聽得出來我的口音……+4
- 絕對聽得出來我的口音……-18
- 絕對聽得出來我的英國口音……+12

不論是南加州或波士頓南區的愛爾蘭（Southie Irish）、加拿大蘇格蘭人（Scots Canadian）或孟加拉人（Bengali），假如你的口音偶爾會改變一些母音，這個事實會讓你受到喜愛，但假如我們一直要聽到你的口音，那就會讓你像個外人。測試一下：錄下你的聲音，然後播給陌生人聽，問他們覺得這是哪裡的口音。如果大家答案都一樣，你就麻煩了。不過，我們依然認爲英國口音聽起來比我們聰明，所以你會有個例外。

20. 我最終的學歷是：

- 博士（PhD）……0
- 專業教育博士（EdD）……-8
- 專業型博士……-14

- 專業型碩士（藝術創作碩士〔MFA〕、企管碩士〔MBA〕、社會工作碩士〔MSW〕等）………… -22
- 學術型碩士………… -36

在一個人滿爲患的市場，如果你沒有辦法從高點起步，很難脫穎而出。這是一個經驗談，沒有博士學位的申請人機會是愈來愈少。

得分：你的得分是從一百分開始算，可能的最高分數超過三百五十分，要看你在第13題發表了幾篇論文，又達到多少研究補助。可能的最低分數是負三百一十八分。表23說明你的分數如何決定你的生涯軌跡。

在我博士教育結束的時候，我的分數（即使包括一開始的一百分）最終是負十四分。這說明了一切。

表23　學術生涯結果的預測

	找工作的目標		
分數	**菁英研究型大學**	**有錢、有創意的人文學院**	**中產階級與工人階級學校**
275+	你會有競爭力。	你會很搶手。	你會令人畏懼。
225-274	你不大可能是學校認眞考慮的候選人。	你會有競爭力。	你會很搶手。
150-224	算了吧。	你不大可能是學校認眞考慮的候選人。	你會有競爭力。
75-149	有可能兼任，如果你有很強的專業能力符合學校需求。	算了吧。	你不大能是那個領域的佼佼者，但你永遠不會知道。
0-75	你根本連兼任都無望。	你正好是兼任的主力。	
0至-50	你完全是個隱形人。	你可能不是擔任兼任教師的適當人選。	你可能偶爾可以在社區學院兼課。
-51以下	校警會在哨亭放你的照片，上頭有指示要阻止你參加校園的活動。	我們想要讓你的小孩考慮到此上學。是時候開始規劃**他們**的學術生涯了，因爲你的已經結束了。	

謝辭

這樣一部作品需要很多人的努力。

本書源於我在芝加哥大學出版社的編輯伊麗莎白・戴森（Elizabeth Branch Dyson），她從頭到尾都以細心、智慧與絕佳的幽默，守護著本書，還有我前一本作品《博士字典》（*The PhDictionary*）。第一本可說是天使的禮物，但這一本則費了一番功夫，讓我四度回到靈感之泉，與伊麗莎白一起努力把作品做到最好。出版社的編輯團隊、編輯、設計師與行銷專業人員也給予了支持，齊心協力讓本書有了生命。

這個計畫靠的是知識，有顯而易見也有隱而未顯的知識，全都是我在高等教育跟朋友混了二十年得來：小酒館的故事讓我看清楚這場遊戲實際上怎麼玩。有太多人需要由衷感謝，但我只列出幾個讓我變聰明的要角，他們是比爾・坎貝爾（Bill Campbell）、安德莉亞・查普德蓮（Andrea Chapdelaine）、庫克（Simon Cook）、克勞佛（Iain Crawford）、哈里斯（Andy Harris）、漢塞爾（Nancy Hensel），希拉德（Van Hillard），珍恩・麥考利奇克（Jeanne Mekolichick），貝絲・保羅（Beth Paul）、戴安娜・拉米雷斯加索（Diana Ramirez- Jasso）、朱利奧・里維拉（Julio Rivera），凱瑟琳・勞德（Kathleen Cown

Rood）、吉姆·瑞安（Jim Ryan），珍妮（Jenny Shanahan）和埃德·圖美（Ed Toomey）。他們每個人所說的故事都和我說的不同，但是我希望他們至少可以看到故事裡頭都帶有他們的一點點思考。

這本書因爲有幾十個人的訪談與對話而更加活靈活現。我不會在此點出任何人名，因爲他們依然日復一日忙於高等教育的社會互動，擔不起被視爲是唱衰高等教育的人。有些是不能放棄手上說服工具（也就是善意）的行政人員；許多人是兼任教師與博士後，他們不能冒犯那些下一次會決定是否聘用他們的人。我必須要說，身處在一個理應重視知識自由的社群，我很遺憾我們竟然對一些有意義的自我批評如此膽怯，我們只給幾個同事公開講話的機會而不會秋後算帳。

當我參加麵包塊作家會議（Bread Loaf Writer's Conference），跟著細心又有氣度的工作坊導師彼得·戴維斯（Peter Ho Davies）一段時間後，本計畫得到了重生。我去參加是爲了寫一本小說，但從更大的層面來說，我從那學到講故事的技巧讓本書更上一層樓。

本書因爲我的妻子，也是我的同事，我的第一位讀者、我的英雄以及跟我一樣被拋棄而同病相憐的「豬頭博士」（Ph-fucking-D）諾拉（Nora Rubinstein）的支持而活下來。二十五年前，她在一場研討會上的精彩報告啓發了我，之後一直以各種新方法繼續這樣做。我們家裡的規定是同一個時間只能有一個人發瘋，當我全心全意投入本書的時候，她一直是在我們兩人約定中扮演穩定的角色那位。她每一天都激勵著我。

這本書尚未完成。不論你在整個生態體系中扮演什麼角色，你都有自己的工作要做。我希望你現在知道土匪在哪裡，也懂得更好的控制自己消耗及提供的資源。整座湖泊的生態就掌握在你的手中。

參考書目

"About Grumpy Cat." https://www.grumpycats.com/about. Accessed February 22, 2018.

American Association of University Professors. *1940 Statement of Principles on Academic Freedom and Tenure*. Washington: American Association of University Professors. https://www.aaup.org/report/1940-statement-principles-academic-freedom-and-tenure.

——. "Higher Education at a Crossroads: The Economic Value of Tenure and the Security of the Profession: The Annual Report on the Economic Status of the Profession, 2015–16." *Academe*, March-April 2016, 9–23. https://www.aaup.org/sites/default/files/2015–16EconomicStatusReport.pdf.

——. "Visualizing Change: The Annual Report on the Economic Status of the Profession, 2016–17." *Academe* (March-April 2017): 4–26. https://www.aaup.org/file/FCS_2016–17.pdf.

American Bar Association, Commission on Women in the Profession. *A Current Glance at Women in the Law, January 2017*. Chicago: American Bar Association, 2017.https://www.americanbar.org/content/dam/aba/marketing/women/current_glance_statistics_january2017.authcheckdam.pdf.

American Honda Motor Company. "Honda Honors its Top North American Suppliers." *News & Views* (May 3, 2016). http://news.honda.com/newsandviews/article.aspx?id=8978-en.

Amir, Rabah, and Malgorzata Knauff. "Ranking Economics Departments Worldwide on the Basis of PhD Placement." *Review of Economics and Statistics* 90, no. 1 (2008): 185–90.

Anft, Michael. "The STEM Crisis: Reality or Myth?" *Chronicle of Higher Education*(November 11, 2013). http://www.chronicle.com/article/The-STEM-Crisis-Reality-or/142879.

Anyon, Jean. "Social Class and the Hidden Curriculum." *Journal of Education* 162, no. 1 (winter 1980): 67–92. http://www.jstor.org/stable/42741976.

Archibald, Robert B., and David H. Feldman. "State Higher Education Spending and the Tax Revolt." *Journal of Higher Education* 77, no. 4 (July-August 2006): 618–44. http://www.jstor.org/stable/3838710.

Association of Public and Land-Grant Universities. "LIFT, APLU, and NCMS Create Expert Educator Team to Align Higher Education Curricula with Manufacturing Workforce Needs." *News and Media*, February 22, 2017. http://www.aplu.org/news-and-media/News/lift-aplu-and-ncms-create-expert-educator-team.

Barker, Roger, and Paul Gump. *Big School, Small School: High School Size and Student Behavior*. Palo Alto, CA: Stanford University Press, 1964.

Bauer-Wolf, Jeremy. "Harvey Mudd Cancels Classes after Student Protest over Issues of Race, Workload, and More." *Inside Higher Ed*, April 18, 2017. https://www.inside highered.com/news/2017/04/18/harvey-mudd-cancels-classes-after-student-protests-over-issues-race-workload-and.

Bauman, Dan, Tyler Davis, and Brian O'Leary. "Executive Compensation at Private and Public Colleges." *Chronicle of Higher Education*, July 15, 2018. https://www.chronicle.com/interactives/executive-compensation#id=table_public_2017.

Benton, Thomas H. [William Pannapacker, pseud.]. "Graduate School in the Humanities: Just Don't Go." *Chronicle of Higher Education*, January 30, 2009. https://www.chronicle.com/article/Graduate-School-in-the/44846.

Birmingham, Kevin. "The Great Shame of Our Profession: How the Humanities Survive on Exploitation." *Chronicle of Higher Education*, February 12, 2017. http://www.chronicle.com/article/The-Great-Shame-of-Our/239148.

Blagg, Kristin, and Matthew M. Chingos. *Choice Deserts: How Geography Limits the Potential Impact of Earnings Data on Higher Education*. Washington: Urban Institute, 2016.

Bousquet, Marc. *How the University Works: Higher Education and the Low-Wage Nation*. New York: NYU Press, 2008.

Bowker/ProQuest. "Self-Publishing in the United States, 2010-2015." http://media .bowker.com/documents/bowker-selfpublishing-report2015.pdf.

Boylan, Hunter R., Barbara J. Calderwood, and Barbara S. Bonham. *College Completion: Focus on the Finish Line*. Boone, NC: National Center for Developmental Education, Appalachian State University, 2017. https://ncde.appstate.

edu/sites/ncde.appstate.edu/files/College%20Completion%20w%20pg.%201%20per%20bjc%20 suggestion.pdf.

Brouillette, Sarah. "Academic Labor, the Aesthetics of Management, and the Promise of Autonomous Work." Nonsite.org 9 (May 2013). http://nonsite.org/article/academic-labor-the-aesthetics-of-management-and-the-promise-of-autonomous-work.

Brown, Sarah, and Karin Fischer. "A Dying Town." *Chronicle of Higher Education*, December 29, 2017. https://www.chronicle.com/interactives/public-health.

Bunker Hill Community College. "Financial Statements and Management's Discussion and Analysis, June 30, 2016." https://www.bhcc.edu/media/01-collegepublications/auditreports/BHCC-FY-2016-Final.pdf

Burning Glass Technologies. "Moving the Goalposts: How Demand for a Bachelor's Degree Is Reshaping the Workforce," September 2014. https://www.burning-glass.com/wp-content/uploads/Moving_the_Goalposts.pdf

California Community Colleges Chancellor's Office. "Annual/Term Student Count Report." Management Information Systems Data Mart, accessed February 21, 2018. http://datamart.cccco.edu/Students/Student_Term_Annual_Count.aspx.

Campus Compact. *Office for the Community Agenda: A Model of Campus Support for Community Engagement*. Program Models, accessed February 21, 2018. https:// compact.org/resource-posts/office-for-the-community-agenda-a-model-of-campus-support-for-community-engagement/.

Carnevale, Anthony P., Tamara Jayasundera, and Artem Gulish. *America's Divided Recovery: College Haves and Have-Nots*. Washington: Georgetown University Center on Education and the Workforce, 2016.

Cawley, John. "Job-Market Mentor: The Interdisciplinary PhD." *Chronicle Vitae*, February 23, 2015, https://chroniclevitae.com/news/914-job-market-mentor-the-inter disciplinary-ph-d.

Cech, Erin A. "Ideological Wage Inequalities? The Technical/Social Dualism and the Gender Wage Gap in Engineering." *Social Forces* 91, no. 4 (June 2013): 1147–82.

Center for Community College Student Engagement. *Contingent Commitments: Bringing Part-Time Faculty into Focus*. Austin: University of Texas at Austin, Program in Higher Education Leadership, 2014.

Center for Postsecondary Research. *2015 Update Facts & Figures*. Indiana University School of Education, February 2016. http://carnegieclassifications.iu.edu/down loads/CCIHE2015-FactsFigures-01Feb16.pdf.

Chace, William M. "The Decline of the English Department: How It Happened and What Could Be Done to Reverse It." *American Scholar* 78, no. 4 (Autumn 2009): 32–42. http://www.jstor.org/stable/41222100.

Chen, Grace. "Why Community College Students Are Taking Classes at Midnight." *Community College Review*, September 4, 2017. https://www.communitycollege review.com/blog/why-community-college-students-are-taking-classes-at-midnight.

Chronicle of Higher Education. "Adjunct Salaries, 2-Year Public." *Chronicle Data*. https:// data.chronicle.com/category/sector/4/adjunct-salaries/.

Clauset, Aaron, Samuel Arbesman, and Daniel B. Larremore. "Systematic Inequality and Hierarchy in Faculty Hiring Networks." *Science Advances* 1 (2015). http:// advances.sciencemag.org/content/1/1/e1400005.

Claypool, Vicki Hesli, Brian David Jannsen, Dongkyu Kim, and Sara McLaughlin Mitchell. "Determinants of Salary Dispersion among Political Science Faculty: The Differential Effects of Where You Work (Institutional Characteristics) and What You Do (Negotiate and Publish)." *PS: Political Science and Politics* 50, no. 1 (January 2017): 146–56. https://doi.org/10.1017/S104909651600233X.

Coalition on the Academic Workforce. *A Portrait of Part-Time Faculty Members: A Summary of Findings on Part-Time Faculty Respondents to the Coalition on the Academic Workforce Survey of Contingent Faculty Members and Instructors*. June 2012. http://www.academicworkforce.org/CAW_portrait_2012.pdf.

Coleman, Harvey J. *Empowering Yourself: The Organizational Game Revealed*. Atlanta: Coleman Management Consultants, 1996.

College Board. "Average Published Undergraduate Charges by Sector, 2016–17." https://trends.collegeboard.org/college-pricing/figures-tables/average-published-undergraduate-charges-sector-2016-17.

——. "Class of 2016 Data." https://reports.collegeboard.org/ap-program- results/class-2016-data.

——. "Trends in College Pricing 2017." https://trends.collegeboard.org/sites/default/files/2017-trends-in-college-pricing_1.

pdf.

——. "Tuition and Fees and Room and Board over Time, 1976–77 to 2016–17, Selected Years." https://trends.collegeboard.org/college-pricing/figures-tables/tuition-and-fees-and-room-and-board-over-time-1976–77_2016-17-selected-years.

College for America. *Meet the Advisors & Reviewers: Learning and Development Support from Coaches and Academic Reviewers*. Southern New Hampshire University, 2017. http://collegeforamerica.org/for-students/learning-and-development-coaches-and-reviewers/.

Commission on Institutions of Higher Education, New England Association of Schools and Colleges. *Standards for Accreditation*, revised 2016. https://cihe.neasc.org/sites/cihe.neasc.org/files/downloads/Standards/Standards_for_Accreditation.pdf.

Cooper Marcus, Clare, and Wendy Sarkissian. *Housing as if People Mattered*. Berkeley: University of California Press, 1988.

Cortiella, Candace, and Sheldon H. Horowitz. *The State of Learning Disabilities: Facts, Trends and Emerging Issues*. New York: National Center for Learning Disabilities, 2014.

Cotti, Chad, John Gordanier, and Orgul Ozturk. "Class Meeting Frequency, Start Times, and Academic Performance." *Economics of Education Review* 62 (2018): 12–15. http://dx.doi.org/10.1016/j.econedurev.2017.10.010.

Council of Graduate Schools, "University Leaders Issue Statement on Interdisciplinarity in Graduate Education and Research," September 10, 2014. http://cgsnet.org/sites/default/files/press_release_2014_Global_Summit_final.pdf.

Council of Graduate Schools and Educational Testing Service. *The Path Forward: The Future of Graduate Education in the United States*. Report from the Commission on the Future of Graduate Education in the United States. Princeton NJ: Educational Testing Service, 2010.

Delphi Project. *Faculty Matter: Selected Research on Connections between Faculty- Student Interaction and Student Success*. University of Southern California, Delphi Project, 2013. https://pullias.usc.edu/wp-content/uploads/2013/10/Delphi-NTTF_Annotated-Research-Summary_2013WebPDF.pdf.

——. *Review of Selected Policies and Practices and Connections to Student Learning*. University of Southern California, Delphi Project, 2013. https://pullias.usc.edu/wp-content/uploads/2013/07/Delphi-NTTF_Conditions-Student-Summary_2013WebPDF.pdf.

Desrochers, Donna M., and Steven Hurlburt. *Trends in College Spending: 2003–2013: Where Does the Money Come From? Where Does It Go? What Does It Buy*? Washington: American Institutes for Research, Delta Cost Project, 2016.

Desrochers, Donna M., and Rita Kirshstein. *Labor Intensive or Labor Expensive? Changing Staffing and Compensation Patterns in Higher Education*. Washington: American Institutes for Research, Delta Cost Project, 2014.

Duke University, "Culture of Champions." Duke Undergraduate Admissions, accessed February 20, 2018. http://admissions.duke.edu/experience/champions.

Dunn, Syndi. "Colleges Are Slashing Adjuncts' Hours to Skirt New Rules on Health- Insurance Eligibility." *Chronicle of Higher Education*, April 22, 2013. http://www.chronicle.com/article/Colleges-Curb-Adjuncts-Hours/138653/.

Earle, Beverley, and Marianne DelPo Kulow. "The 'Deeply Toxic' Damage Caused by the Abolition of Mandatory Retirement and its Collision with Tenure in Higher Education: A Proposal for Statutory Repair." *University of Southern California Interdisciplinary Law Journal* 24, no. 2 (January 2015): 369–418. http://gould.usc.edu/why/students/orgs/ilj/assets/docs/24–2-Earle.pdf.

The Economist. "The Disposable Academic," December 16, 2010. http://www.economist.com/node/17723223.

EdTechXGlobal. "Global Report Predicts Edtech Spend to Reach $252bn by 2020." May 25, 2016. http://www.prnewswire.com/news-releases/global-report-predicts-edtech-spend-to-reach-252bn-by-2020–580765301.html.

Emmons, William. "Older Workers Account for All Net Job Growth since 2000." Federal Reserve Bank of St. Louis, January 15, 2018. https://www.stlouisfed.org/on-the-economy/2018/january/older-workers-account-almost-all-job-growth-2000.

Eshenroder, Randy L, and Kathryn L. Amatangelo. "Reassessment of the Lake Trout Population Collapse in Lake Michigan during the 1940s," Technical Report 65. Ann Arbor: Great Lakes Fishery Commission, 2002.

Federal Water Pollution Control Administration. *The Alewife Explosion: The 1967 Die- Off in Lake Michigan*,. Chicago: Federal Water Pollution Control Administration, 1967.

Fichtenbaum, Rudy, and Howard Bunsis. "Analyzing University and College Financial Statements: How Faculty Can Understand More about University and College Finances." Presentation at the American Association of University Professors Summer Institute, 2014. http://www.hartford.edu/academics/faculty/aaup/files/Appendix-III-Rudy_Howard_Financial_Overview_SI_2014_final.pdf.

Field, Kelly. "Stretched to Capacity: What Campus Counseling Centers Are Doing to Meet Rising Demand." *Chronicle of Higher Education*, November 6, 2016. http:// www.chronicle.com/article/Stretched-to-Capacity/238314.

Finkelstein, Jonathan, Erin Knight, and Susan Manning. *The Potential and Value of Using Digital Badges for Adult Learners*. Washington: American Institutes for Research, 2013. https://lincs.ed.gov/publications/pdf/AIR_Digital_Badge_Report_508.pdf.

Fischer-Baum, Reuben. "Is Your State's Highest-Paid Employee a Coach? (Probably.)" *Deadspin Sports*, May 9, 2013. https://deadspin.com/infographic-is-your-states-highest-paid-employee-a-co-489635228.

Flaherty, Colleen. "Article Sparks New Round of Criticism of Costs Associated with Academic Conferences." *Inside Higher Ed*, July 25, 2017. https://www.insidehighered.com/news/2017/07/25/article-sparks-new-round-criticism-costs-associated-academic-conferences.

Forbes. "Justin Bieber." Profile, June 12, 2017. https://www.forbes.com/profile/justin-bieber/.

Fox, Lori E. . "What Keeps Your Lawyers Awake at Night?" *Trusteeship*, September/ October 2016. https://www.agb.org/trusteeship/2016/septemberoctober/what-keeps-your-lawyers-awake-at-night#.

Frank, Robert H. *Success and Luck: Good Fortune and the Myth of Meritocracy*. Princeton, NJ: Princeton University Press, 2016.

Frederickson, Caroline. "There Is No Excuse for How Universities Treat Adjuncts." *Atlantic Monthly*, September 15, 2015. https://www.theatlantic.com/business/archive/2015/09/higher-education-college-adjunct-professor-salary/404461/.

Fry, Erika, and Nicolas Rapp. "This Is the Average Pay at Lyft, Uber, Airbnb and More." *Fortune*, June 27, 2017. http://

fortune.com/2017/06/27/average-pay-lyft-uber-airbnb/.

Gasman, Marybeth. "The Five Things No One Will Tell You About Why Colleges Don't Hire More Faculty of Color." *Hechinger Report*, September 20, 2016, http:// hechingerreport.org/five-things-no-one-will-tell-colleges-dont-hire-faculty-color/.

Gavilan College. "Career Technical Education." Gavilan College, Academic Programs, accessed February 22, 2018. https://www.gavilan.edu/academic/cte/index.php.

Gee, Alastair. "Facing Poverty, Academics Turn to Sex Work and Sleeping in Cars." *The Guardian*, September 28, 2016. https://www.theguardian.com/us-news/2017/sep/28/adjunct-professors-homeless-sex-work-academia-poverty.

Gladwell, Malcolm. *Outliers: The Story of Success*. New York: Little, Brown, 2008.

Goldsmith, John A., John Komlos, and Penny Schine Gold. *The Chicago Guide to Your Academic Career*. Chicago: University of Chicago Press, 2001.

Golnari, Golshan, Yanhua Li, and Zhi-Li Zhang. "What Drives the Growth of YouTube? Measuring and Analyzing the Evolution Dynamics of YouTube Video Uploads." Sixth annual ASE conference on social computing, 2014. https://www.researchgate.net/publication/263654088_What_Drives_the_Growth_of_YouTube_Measuring_and_Analyzing_the_Evolution_Dynamics_of_YouTube_Video_Uploads.

Government Accountability Office. "Students Need More Information to Help Reduce Challenges in Transferring College Credits." *Report to Congressional Requesters*, GAO-17-574. Washington: Government Accountability Office, 2017. http://www.gao.gov/assets/690/686530.pdf.

Green, Francis, and Yu Zhu. "Overqualification, Job Dissatisfaction, and Increasing Dispersion in the Returns to Graduate Education." *Oxford Economic Papers* 62, no. 4 (2010): 740–63. https://www.kent.ac.uk/economics/documents/GES%20Background%20Documents/overeducation/Overeducation.pdf.

Harvard College. *A Brief Profile of the Admitted Class of 2021*. Harvard College Admissions and Financial Aid, accessed February 21, 2018. https://college.harvard.edu/admissions/admissions-statistics.

Heller, Janet Ruth. "Contingent Faculty and the Evaluation Process." *College Composition and Communication* 64, no. 1

(September 2012): A8–A12. http://www.jstor.org/stable/23264922.

Hensel, Nancy, ed. *Characteristics of Excellence in Undergraduate Research*. Washington: Council on Undergraduate Research, 2012. http://www.cur.org/assets/1/23/COEUR_final.pdf.

Henshaw, Alexis. "The Challenges for Adjuncts When Supporting and Counseling Sexual Assault Victims." *Inside Higher Ed*, June 23, 2017. https://www.inside highered.com/advice/2017/06/23/challenges-adjuncts-when-supporting-and-counseling-sexual-assault-victims-essay.

Higher Education Compliance Alliance. Compliance Matrix. Last updated June 2017. http://www.higheredcompliance.org/matrix/.

Higher Learning Commission. "Determining Qualified Faculty through HLC's Criteria for Accreditation and Assumed Practices.: Last updated March 2016. http://download.hlcommission.org/FacultyGuidelines_2016_OPB.pdf.

Holbrook, Karen A., and Paul R. Sanberg. "Understanding the High Cost of Success in University Research." *Technological Innovation* 15 (December 2013): 269–80. doi: 10.3727/194982413X13790020922068.

House Committee on Education and the Workforce, Democratic Staff. *The Just-in-Time Professor: A Staff Report Summarizing eForum Responses on the Working Conditions of Contingent Faculty in Higher Education*. Washington: United States House of Representatives, 2014.

Hudd, Suzanne S., Caroline Apgar, Eric Franklyn Bronson, and Renée Gravois Lee. "Creating a Campus Culture of Integrity: Comparing the Perspectives of Full- and Part-time Faculty." *Journal of Higher Education* 80, no. 2 (March-April 2009): 146–77. http://www.jstor.org/stable/2551110.0.

Hurlburt, Steven, and Michael McGarrah. *The Shifting Academic Workforce: Where Are the Contingent Faculty?* Washington: American Institutes for Research, 2016. https:// www.deltacostproject.org/sites/default/files/products/Shifting-Academic-Work force-November-2016_0.pdf.

Industrial Workers of the World, General Executive Board. *Unemployment and the Machine*. Chicago: IWW, June 1934.

Irvine, Chris. "Sir Salman Rushdie: 'Fifty Shades of Grey Makes Twilight Look like War and Peace.'" *Telegraph*, October 9, 2012. http://www.telegraph.co.uk/culture/books/booknews/9596577/Sir-Salman-Rushdie-Fifty-Shades-of-Greymakes-Twilight-look-like-War-and-Peace.html.

Isbell, Lori. “A Professor Examines Why Her Students Seem to Act So Helpless.” *Inside Higher Ed*, March 14, 2017. https://www.insidehighered.com/advice/2017/03/14/professor-examines-why-her-students-seem-act-so-helpless-essay.

Jacobs, Ken, Ian Perry, and Jenifer MacGillvary. *The High Public Cost of Low Wages: Poverty-Level Wages Cost U.S. Taxpayers $152.8 Billion Each Year in Public Support for Working Families*. Berkeley: UC Berkeley Center for Labor Research and Education, 2015. http://laborcenter.berkeley.edu/pdf/2015/the-high-public-cost-of-low-wages.pdf.

Jaschik, Scott. “Bias Against Older Candidates.” *Inside Higher Ed*, December 17, 2008. https://www.insidehighered.com/news/2008/12/17/age.

——. “The 2017 Survey of Admissions Directors: Pressure All Around.” *Inside Higher Ed*, September 13, 2017. https://www.insidehighered.com/news/survey/2017-survey-admissions-directors-pressure-all-around.

Jason, Zak. “A Brief History of Nursing Simulation.” Boston College, Connell School of Nursing, May 25, 2015. https://www.bc.edu/bc-web/schools/cson/cson-news/Abriefhistoryofnursingsimulation.html.

Jenkins, Davis, and John Fink. *Tracking Transfer: New Measures of Institutional and State Effectiveness in Helping Community College Students Attain Bachelor’s Degrees*. Community College Research Center, Teachers College, Columbia University, 2016. https://ccrc.tc.columbia.edu/publications/tracking-transfer-institutional-state-effectiveness.html.

“Joint Statement on the Transfer and Award of Credit.” American Association of Collegiate Registrars and Admissions Officers, Council for Higher Education Accreditation, and American Council on Education. October 2, 2017. http://www.acenet.edu/news-room/Pages/Joint-Statement-on-the-Transfer-and-Award-of-Credit.aspx.

June, Audrey Williams. “Why Colleges Still Scarcely Track Ph.D.s.” *Chronicle of Higher Education*, August 14, 2016. http://www.chronicle.com/article/Why-Colleges-Still-Scarcely/237412.

Kelsky, Karen. “The Professor Is In: The Curse of the Interdisciplinary Ph.D.,” *Chronicle Vitae*, June 16, 2014, https://chroniclevitae.com/news/548-the-professor-is-in-the-curse-of-the-interdisciplinary-ph-d.

——. “Sexual Harassment in the Academy: A Crowdsource Survey.” https://docs.google.com/spreadsheets/d/1S9KShDLv

U7CKkgEevYTHXr3F6InTenrBsS9yk-8C5M/edit#gid=1530077352.

Knight Commission on Intercollegiate Athletics. *Restoring the Balance: Dollars, Values, and the Future of College Sports*. Miami: John S. and James L. Knight Foundation, June 2010.

Kovalik, Daniel. "Death of an Adjunct." *Pittsburgh Post-Gazette*, September 18, 2013. http://www.post-gazette.com/opinion/Op-Ed/2013/09/18/Death-of-an-adjunct/stories/201309180224.

Kreier, Tim. "Slaves of the Internet, Unite!" *New York Times*, Sunday Review, October 26, 2013. http://www.nytimes.com/2013/10/27/opinion/sunday/slaves-of-the-internet-unite.html.

Kruvelis, Melanie, Lindsey Reichlin Cruse, and Barbara Gault. *Single Mothers in College: Growing Enrollment, Financial Challenges, and the Benefits of Attainment*, Briefing Paper C460. Washington: Institute for Women's Policy Research, 2017. https:// iwpr.org/publications/single-mothers-college-growing-enrollment-financial-challenges-benefits-attainment/.

Kuehn, Kathleen, and Thomas F. Corrigan. "Hope Labor: The Role of Employment Prospects in Online Social Production." *The Political Economy of Communication* 1, no. 1, (2013): 9–25.

Kulis, Stephen. "Gender Segregation among College and University Employees." *Sociology of Education* 70, no. 2 (April 1997): 151–73. http://www.jstor.org/stable/2673161.

Labaree, David F. *A Perfect Mess: The Unlikely Ascendancy of American Higher Education*. Chicago: University of Chicago Press, 2017.

Larson, Richard C., Navid Ghaffarzadegan, and Yi Xue. "Too Many PhD Graduates or Too Few Academic Job Openings: The Basic Reproductive Number R0 in Academia." *Systems Research and Behavioral Science* 31, no. 6 (2014): 745–50. doi:10.1002/sres.2210.

Leader, Chari A. "The Good Business of Transfer." *New England Journal of Higher Education*, February 10, 2010. http://www.nebhe.org/thejournal/the-good-business-of-transfer/.

Levanon, Asaf, Paula England, and Paul Allison. "Occupational Feminization and Pay: Assessing Causal Dynamics using 1950–2000 US Census Data." *Social Forces* 88, no. 2 (December 2009): 865–91. http://www.jstor.org/

stable/40645826.

Lincoln, Anne E. "The Shifting Supply of Men and Women to Occupations: Feminization in Veterinary Education." *Social Forces* 88, no. 5 (July 2010): 1969–98. http:// www.jstor.org/stable/40927535.

Ma, Jennifer, and Sandy Baum. "Trends in Community Colleges: Enrollment, Prices, Student Debt, and Completion." *College Board Research Brief*, April 2016. https://research.collegeboard.org/pdf/trends-community-colleges-research-brief.pdf.

Mandel, Hadas. "Up the Down Staircase: Women's Upward Mobility and the Wage Penalty for Occupational Feminization, 1970–2007." *Social Forces* 91, no. 4 (June 2013): 1183–1207.

Mangan, Katherine. "A Simpler Path, Authors Say, Is Key to Community-College Completion." *Chronicle of Higher Education*, April 7, 2015. https://www.chronicle.com/article/A-Simpler-Path-Authors-Say/229133.

Manyika, James, Susan Lund, Jaques Bughin, Kelsey Robinson, Jan Mischke, and Deepa Mahajan. *Independent Work: Choice, Necessity, and the Gig Economy*. San Francisco: McKinsey Global Institute, 2016.

Marcus, Jon. "Many Small Colleges Face Big Enrollment Drops. Here's One Survival Strategy in Ohio." *Washington Post*, June 29, 2017. https://www.washingtonpost.com/news/grade-point/wp/2017/06/29/many-small-colleges-face-big-enrollment-drops-heres-one-survival-strategy-in-ohio/.

Martichoux, Alix. "High Cost of Living Forces San Jose State Professor to Live in Car," *San Francisco Chronicle*, August 31, 2017. http://www.sfgate.com/local/article/High-cost-of-living-forces-San-Jose-State-12164855.php.

Massachusetts Department of Higher Education. "2016 Enrollment Estimates." *Massachusetts Department of Higher Education Data Center*, accessed February 21, 2018. http://www.mass.edu/datacenter/2016enrollmentestimates.asp.

Massachusetts Institute of Technology. "MIT Facts: Financial Data, Fiscal Year 2016." http://web.mit.edu/facts/financial.html.

Matthews, Dewayne, "In Gig Economy, It Takes More Than Grit to Get Ahead." *Lumina Foundation News & Views*, September 7, 2017. https://www.luminafoundation.org/news-and-views/the-stairs-start-at-the-second-floor.

Middlebury College. "The Cost of a Middlebury Education." *Middlebury Admissions*, accessed February 19, 2018. http://

www.middlebury.edu/admissions/tuition.

Mitchell, John Cameron, director. *Shortbus*. New York: THINKFilm, 2006.

Monroe, Kristen Renwick, and William F. Chiu. "Gender Equality in the Academy: The Pipeline Problem." *PS: Political Science and Politics* 43, no. 2 (April 2010): 303–8. http://www.jstor.org/stable/40646731.

National Association of College and University Business Officers (NACUBO). "U.S. and Canadian Institutions Listed by Fiscal Year (FY) 2016 Endowment Market Value and Change in Endowment Market Value from FY2015 to FY2016." Revised February 2017. http://www.nacubo.org/Documents/EndowmentFiles/2016-Endowment-Market-Values.pdf.

National Center for Education Statistics. "Bachelor's Degrees Conferred by Postsecondary Institutions, by Field of Study: Selected Years 1970–71 through 2014–15." *Digest of Education Statistics*, Table 322.10. https://nces.ed.gov/programs/digest/d16/tables/dt16_322.10.asp.

——. "Back to School Statistics." *Fast Facts*, https://nces.ed.gov/fastfacts/display
.asp?id=372.

——. "College Navigator." https://nces.ed.gov/collegenavigator/.

——. *Community Colleges: Special Supplement to The Condition of Education 2008*. NCES 2008–033. Washington: US Department of Education, 2008. https://nces.ed.gov/pubs2008/2008033.pdf.

——. "Fall Enrollment Full Instructions," *IPEDS 2017–18 Data Collection System*, 2017–18 Survey Materials>Instructions, https://surveys.nces.ed.gov/ipeds/VisIn structions.aspx?survey=6&id=30074&show=all#chunk_1313.

——. "Number of Faculty in Degree-Granting Postsecondary Institutions, by Employment Status, Sex, Control, and Level of Institution: Selected Years, fall 1970 through fall 2013." *Digest of Education Statistics*, table 315.10. https://nces.ed.gov/programs/digest/d15/tables/dt15_315.10.asp.

——. "Percentage of Persons 25 to 29 Years Old with Selected Levels of Educational Attainment, by Race/Ethnicity and Sex: Selected Years, 1920 through 2016." *Digest of Education Statistics*, Table 104.20. https://nces.ed.gov/programs/digest/d16/tables/dt16_104.20.asp.

——. "Percentage of Recent High School Completers Enrolled in 2-Year and 4-Year Colleges, by Income Level: 1975 through 2015," *Digest of Education Statistics*, table 302.30. https://nces.ed.gov/programs/digest/d16/tables/dt16_302.30.asp.

——. "Race/Ethnicity of College Faculty." *Fast Facts*. https://nces.ed.gov/fastfacts/display.asp?id=61.

——. "Total Fall Enrollment in Degree-Granting Postsecondary Institutions, by Attendance Status, Sex, and Age: Selected Years, 1970 through 2025," *Digest of Education Statistics*, table 303.40. https://nces.ed.gov/programs/digest/d15/tables/dt15_303.40.asp.

——. "Total Fall Enrollment in Degree-Granting Postsecondary Institutions, by Level of Enrollment, Sex, Attendance Status, and Race/Ethnicity of Student: Selected Years, 1976 through 2015," *Digest of Education Statistics*, table 306.10. https://nces.ed.gov/programs/digest/d16/tables/dt16_306.10.asp.

——. "Total Undergraduate Fall Enrollment in Degree-Granting Postsecondary Institutions, by Attendance sSatus, Sex of Student, and Control and Level of Institution: Selected Years, 1970 through 2026," *Digest of Education Statistics*, table 303.70. https://nces.ed.gov/programs/digest/d16/tables/dt16_303.70.asp.

National Center for Health Statistics. "Vital Statistics of the United States." Centers for Disease Control and Prevention, May 2017. https://www.cdc.gov/nchs/data_access/vitalstatsonline.htm.

National Postdoctoral Association. "Recommendations for Postdoctoral Policies and Practices." Version 7-1-14. Rockville, MD: National Postdoctoral Association, 2014. http://www.nationalpostdoc.org/?recommpostdocpolicy.

National Research Council. *A Data-Based Assessment of Research-Doctorate Programs in the United States*. Washington: National Academies Press, 2011. https://doi.org/10.17226/12994.

National Science Foundation. "Doctorate Recipients from US Colleges and Universities: 1957–2015." *Survey of Earned Doctorates*, table 1. https://www.nsf.gov/statis tics/2017/nsf17306/data/tab1.pdf.

National Student Clearinghouse Research Center. "Snapshot Report: First-Year Persistence and Retention." National Student Clearinghouse, June 12, 2017. https:// nscresearchcenter.org/snapshotreport28-first-year-persistence-and-retention/.

National Survey of Student Engagement (NSSE). "High-Impact Practices." Indiana University Center for Postsecondary Research. http://nsse.indiana.edu/html/high_impact_practices.cfm.

Newfield, Christopher. *Unmaking the Public University: The Forty-Year Assault on the Middle Class*. Cambridge MA: Harvard University Press, 2008.

Pew Research Center. "Sharp Partisan Divisions in Views of National Institutions." *US Politics and Policy*, July 10, 2017. http://www.people-press.org/2017/07/10/sharp-partisan-divisions-in-views-of-national-institutions/.

Piper, Andrew, and Chad Wellmon. "How the Academic Elite Reproduces Itself." *Chronicle of Higher Education*, October 8, 2017. http://www.chronicle.com/article/How-the-Academic-Elite/241374.

Pope, Loren. *Colleges That Change Lives*. New York: Penguin, 1996.

Raschke, Carl. "'There Are No Jobs': Common Fallacies and Facts about Getting an Academic Job in Religion or Theology." *The Other Journal*, November 30, 2014. https://theotherjournal.com/2014/11/30/there-are-no-jobs-common-fallacies-and-facts-about-getting-a-phd-in-religion-or-theology/.

Redford, Jeremy, and Kathleen Mulvaney Hoyer. *First-Generation and Continuing- Generation College Students: A Comparison of High School and Postsecondary Experiences*. NCES 2018–009. National Center for Education Statistics, September 2017. https://nces.ed.gov/pubsearch/pubsinfo.asp?pubid=2018009.

Reed College. "Doctoral Degree Productivity." Reed College Institutional Research, *Facts about Reed*, accessed February 20, 2018. https://www.reed.edu/ir/phd.html.

Reed, Matt [writing under the pseudonym "Dean Dad"]. "Meritocracy and Hiring," *Inside Higher Ed*, "Confessions of a Community College Dean" blog, January 31, 2011. https://www.insidehighered.com/blogs/confessions_of_a_community_college_dean/meritocracy_and_hiring.

Rhodes, Gary. "Higher Education in a Consumer Society." *Journal of Higher Education* 58, no. 1 (January-February 1987): 1–24. http://www.jstor.org/stable/1981387.

Rhodes, Gary, and Sheila Slaughter. "Academic Capitalism, Managed Professionals, and Supply-Side Higher Education." *Social Text* 51 (summer 1997): 9–38. http://www.jstor.org/stable/466645.

Ritter, Kelly. "'Ladies Who Don't Know Us Correct our Papers': Postwar Lay Reader Programs and Twenty-First Century Contingent Labor in First-Year Writing." *College Composition and Communication* 63, no. 3 (February 2012): 387–419. http://www.jstor.org/stable/23131595.

Roach, Michael, and Henry Sauermann. "The Declining Interest in an Academic Career." *PLoS ONE* 12, no. 9 (2017). https://doi.org/10.1371/journal.pone.0184130.

Rodriguez, Olga, Marisol Cuellar Mejia, and Hans Johnson. *Determining College Readiness in California's Community Colleges: A Survey of Assessment and Placement Policies*. San Francisco and Sacramento: Public Policy Institute of California, November 2016. http://www.ppic.org/publication/determining-college-readiness-in-californias-community-colleges-a-survey-of-assessment-and-placement-policies/.

Roska, Josipa. "Double Disadvantage or Blessing in Disguise? Understanding the Relationship between College Major and Employment Sector." *Sociology of Education* 78, no. 3 (July 2005): 207–32. http://www.jstor.org/stable/4148915.

Ryan, Camille L, and Kurt Bauman, "Educational Attainment in the United States: 2015." Publication P20–578. Washington: United States Census, March 2016. https:// www.census.gov/content/dam/Census/library/publications/2016/demo/p20–578.pdf.

Samuels, Robert. "Nontenured Faculty Should Not Be Assessed by Student Evaluations in This Politically Charged Era." *Inside Higher Ed*, April 24, 2017. https://www.insidehighered.com/views/2017/04/24/nontenured-faculty-should-not-be-assessed-student-evaluations-politically-charged.

Sano-Franchini, Jennifer. "'It's Like Writing Yourself into a Codependent Relationship with Someone Who Doesn't Even Want You!': Emotional Labor, Intimacy, and the Academic Job Market in Rhetoric and Composition." *College Composition and Communication* 68, no. 1 (September 2016): 98–124.

Sartre, Jean-Paul. "A Plea for Intellectuals." In *Between Existentialism and Marxism*, 228–85. New York: William Morrow, 1976.

Schibik, Timothy, and Charles Harrington. "Caveat Emptor: Is There a Relationship between Part-Time Faculty Utilization and Student Learning Outcomes and Retention?" *AIR Professional File*, #91 (Spring 2004). Washington: Association for Institutional Research. https://files.eric.ed.gov/fulltext/ED512352.pdf.

Shapiro, Doug, Afet Dundar, Phoebe Khasiala Wakhungu, Xin Yuan, and Autumn T. Harrell. *Transfer & Mobility: A National View of Student Movement in Postsecondary Institutions, Fall 2008 Cohort*. Signature Report no. 9. Herndon, VA: National Student Clearinghouse Research Center, 2015.

Simon, Cecelia Capuzzi. "Why Writers Love to Hate the M.F.A." *New York Times*, April 9, 2015. https://www.nytimes.com/2015/04/12/education/edlife/12edl-12mfa.html?_r=0.

Smith, Aaron, and Monica Anderson. "Online shopping and e-commerce." Pew Research Center, December 19, 2016. http://www.pewinternet.org/2016/12/19/online-shopping-and-e-commerce/.

Smith, Ashley A. "Arkansas College Finds Success in Male-Dominated Fields but Wants Short-Term Pell." *Inside Higher Ed*, August 10, 2017. https://www.insidehighered.com/news/2017/08/10/arkansas-college-finds-success-male-dominated-fields-wants-short-term-pell.

Smith, Ashley A., and Doug Lederman. "Enrollment Declines, Transfer Barriers: Community College Presidents' Survey." *Inside Higher Ed*, April 21, 2017. https://www.insidehighered.com/news/survey/community-college-presidents-surveyed-enrollment-recruitment-pipeline.

State Council of Higher Education for Virginia. "Statement on Civic Engagement." May 31, 2017. http://www.schev.edu/docs/default-source/institution-section/GuidancePolicy/assessment/civic-engagement-meeting-2017/civic-engagement-statement.pdf.

Stewart, Davina-Lazarus. "Colleges Need a Language Shift, but Not the One You Think." *Inside Higher Ed*, March 30, 2017. https://www.insidehighered.com/views/2017/03/30/colleges-need-language-shift-not-one-you-think-essay.

Striped Leopard (pseudonym). "Patriarchy's Magic Trick: How Anything Perceived As Women's Work Immediately Sheds Its Value." December 13, 2013. https:// cratesandribbons.com/2013/12/13/patriarchys-magic-trick-how-anything-perceived-as-womens-work-immediately-sheds-its-value/.

Supiano, Beckie. "Relationships Are Central to the Student Experience. Can Colleges Engineer Them?" *Chronicle of Higher Education*, January 14, 2018. https://www.chronicle.com/article/Relationships-Are-Central-to/242230.

Tolentino, Jia. "How Men Like Harvey Weinstein Implicate Their Victims in Their Acts." *The New Yorker*, October 11, 2017. https://www.newyorker.com/culture/jia-tolentino/how-men-like-harvey-weinstein-implicate-their-victims-in-their-act

Toyota Motor Corporation. "How Long Does It Actually Take to Make a Car?" *Children's Question Room*, accessed February 21, 2018. http://www.toyota.co.jp/en/kids/faq/b/01/06/.

Tuttle, Brad. "New College Grads Could Be Looking at the Highest Starting Salaries Ever." *Money*, May 12, 2017. http://time.com/money/4777074/college-grad-pay-2017-average-salary/.

United States Congress. "Act of July 2, 1862 (Morrill Act), Public Law 37–108, Which Established Land Grant Colleges, 07/02/1862." *Enrolled Acts and Resolutions of Congress, 1789–1996*; Record Group 11; General Records of the United States Government; National Archives. https://www.ourdocuments.gov/doc.php?flash=false&doc=33&page=transcript.

United States Department of Agriculture "Aquatic Species: Alewife." National Invasive Species Information Center, last modified July 19, 2017. https://www.invasive speciesinfo.gov/aquatics/alewife.shtml.

United States Department of Education, "Strengthening Partnerships between Businesses and Community Colleges to Grow the Middle Class," Archived press release, February 5, 2016. https://www.ed.gov/news/press-releases/strengthening partner ships-between-businesses-and-community-colleges-grow-middle-class.

University of California. "Berkeley Research Excellence; 2016–17 Research Funding Sponsors." https://vcresearch.berkeley.edu/excellence/berkeley-research-excellence.

University of North Carolina System. "Economic Engagement." https://www.north carolina.edu/serving-locally-and-globally/economic-engagement-0.

Vermont Agency of Education. "Flexible Pathways." http://education.vermont.gov/student-learning/flexible-pathways.

Vermont State Colleges. "Presentation to the House Appropriations Committee, February 2014." http://www.leg.state.vt.us/jfo/appropriations/fy_2015/Department%20 Budgets/VSC%20-%20FY%202015%20Budget%20Presentation.pdf.

Warner, John. "19 Theses on Tenure." *Inside Higher Ed*, "Just Visiting" blog, February 21, 2017. https://www.

insidehighered.com/blogs/just-visiting/19-theses-tenure.

Watkins, Alfred J. "Capital Punishment for Midwestern Cities." in *The Metropolitan Midwest: Problems and Prospects for Change*, edited by Barry Checkoway and Carl V. Patton, 107–23. Champaign: University of Illinois Press, 1985.

Webber, Douglas A., and Ronald G. Ehrenberg. "Do Expenditures Other Than Instructional Expenditures Affect Graduation and Persistence Rates in American Higher Education?" *NBER Working Paper 15216*. Cambridge: National Bureau of Economic Research, 2009. http://www.nber.org/papers/w15216.pdf.

Wellmon, Chad, and Andrew Piper. "Publication, Power, and Patronage: On Inequality and Academic Publishing." *Critical Inquiry*, updated October 2, 2017. https://critical inquiry.uchicago.edu/publication_power_and_patronage_on_inequality_and_academic_publishing/.

Western Michigan University. *General Purpose Financial Report, June 30, 2016*. https:// wmich.edu/sites/default/files/attachments/u327/2016/wmu_finreport_2016.pdf. Wood, L. Maren. "Who Lands Tenure-Track Jobs?" https://lilligroup.com/research/.

國家圖書館出版品預行編目 (CIP) 資料

兼任下流：流浪博士何處去？直擊高教崩壞現場，揭發兼任教師血汗、低薪、難以翻身的真相，從美國經驗反思大學院校公司化、教師商品化的巨大影響／赫伯・柴爾德瑞斯（Herb Childress）著；李宗義、許雅淑譯．-- 初版．-- 臺北市：麥田出版：家庭傳媒城邦分公司發行, 2020.10
面；　公分．--（不歸類；178）
ISBN 978-986-344-828-0（平裝）

1. 高等教育 2. 大學教師 3. 美國

525.952　　109014164

The Adjunct Underclass: How America's Colleges Betrayed Their Faculty, Their Students, and Their Mission
by Herb Childress

不歸類 178

兼任下流

流浪博士何處去？直擊高教崩壞現場，揭發兼任教師血汗、低薪、難以翻身的真相，從美國經驗反思大學院校公司化、教師商品化的巨大影響

The Adjunct Underclass: How America's Colleges Betrayed Their Faculty, Their Students, and Their Mission

作　　者／赫伯・柴爾德瑞斯（Herb Childress）
譯　　者／李宗義、許雅淑
責任編輯／賴逸娟

國際版權／吳玲緯
行　　銷／闕志勳、吳宇軒、陳欣岑
業　　務／李再星、陳紫晴、陳美燕、葉晉源
副總編輯／何維民
編輯總監／劉麗真
總 經 理／陳逸瑛
發 行 人／涂玉雲
出　　版／麥田出版
10483 臺北市民生東路二段 141 號 5 樓
電話：(886) 2-25007696　傳真：(886) 2-25001967
發　　行／英屬蓋曼群島商家庭傳媒股份有限公司城邦分公司
台北市民生東路二段 141 號 11 樓
客服服務專線：(886) 2-25007718、25007719
24 小時傳真服務：(886) 2-25001990、25001991
服務時間：週一至週五 09:30-12:00・13:30-17:00
郵撥帳號：19863813　戶名：書虫股份有限公司
讀者服務信箱 E-mail：service@readingclub.com.tw
麥田網址：https://www.facebook.com/RyeField.Cite/
香港發行所／城邦（香港）出版集團有限公司
香港灣仔駱克道 193 號東超商業中心 1 樓
電話：(852)2508-6231　傳真：(852)2578-9337　E-mail：hkcite@biznetvigator.com
馬新發行所／城邦（馬新）出版集團【Cite(M) Sdn. Bhd. (458372U)】
41, Jalan Radin Anum, Bandar Baru Sri Petaling, 57000 Kuala Lumpur, Malaysia.
電話：(603)9056-3833　傳真：(603)9057-6622　電郵：services@cite.my
總 經 銷／聯合發行股份有限公司　電話：02-29178022　傳真：02-29156275

封面設計／兒日設計
排　　版／游淑萍
製版印刷／中原造像股份有限公司

□ 2020 年（民 109）10 月 29 日　初版一刷 □ 2022 年 9 月　初版二刷
定價／ 380 元

ISBN ／ 978-986-344-828-0

cite城邦媒體 麥田出版
Rye Field Publications
A division of Cité Publishing Ltd.

廣	告	回	函
北區郵政管理局登記證			
台北廣字第000791號			
免	貼	郵	票

英屬蓋曼群島商
家庭傳媒股份有限公司城邦分公司
104 台北市民生東路二段141號5樓

▼
請沿虛線折下裝訂，謝謝！

文學・歷史・人文・軍事・生活

麥田出版
Rye Field Publications

書號：RV1178 書名：兼任下流

讀者回函卡

cite城邦媒體

※為提供訂購、行銷、客戶管理或其他合於營業登記項目或章程所定業務需要之目的，家庭傳媒集團（即英屬蓋曼群島商家庭傳媒股份有限公司城邦分公司、城邦文化事業股份有限公司、書虫股份有限公司、墨刻出版股份有限公司、城邦原創股份有限公司），於本集團之營運期間及地區內，將以e-mail、傳真、電話、簡訊、郵寄或其他公告方式利用您提供之資料（資料類別：C001、C002、C003、C011等）。利用對象除本集團外，亦可能包括相關服務的協力機構。如您有依個資法第三條或其他需服務之處，得致電本公司客服中心電話請求協助。相關資料如為非必填項目，不提供亦不影響您的權益。

□ 請勾選：本人已詳閱上述注意事項，並同意麥田出版使用所填資料於限定用途。

姓名：_______________ 聯絡電話：_______________

聯絡地址：□□□□□_______________

電子信箱：_______________

身分證字號：_______________（此即您的讀者編號）

生日：____年____月____日　性別：□男　□女　□其他____

職業：□軍警　□公教　□學生　□傳播業　□製造業　□金融業　□資訊業　□銷售業

□其他_______________

教育程度：□碩士及以上　□大學　□專科　□高中　□國中及以下

購買方式：□書店　□郵購　□其他_______________

喜歡閱讀的種類：（可複選）

□文學　□商業　□軍事　□歷史　□旅遊　□藝術　□科學　□推理　□傳記　□生活、勵志

□教育、心理　□其他_______________

您從何處得知本書的消息？（可複選）

□書店　□報章雜誌　□網路　□廣播　□電視　□書訊　□親友　□其他____

本書優點：（可複選）

□內容符合期待　□文筆流暢　□具實用性　□版面、圖片、字體安排適當

□其他_______________

本書缺點：（可複選）

□內容不符合期待　□文筆欠佳　□內容保守　□版面、圖片、字體安排不易閱讀　□價格偏高

□其他_______________

您對我們的建議：_______________

____